研究生科研入门

[英]安妮·李 (Anne Lee) 著

高武奇 译

清华大学出版社
北京

Successful Research Projects-A Guide For Postgraduates 1st Edition/by Anne Lee/ISNB：
97808153 76750

图书在版编目（CIP）数据

研究生科研入门/（英）安妮·李（Anne Lee）著；高武奇译. —北京：清华大学出版社，2022. 12
（2025.4重印）
ISBN 978-7-302-62006-8

Ⅰ.①研⋯ Ⅱ.①安⋯ ②高⋯ Ⅲ.①研究生教育—科学研究 Ⅳ.①G643

中国版本图书馆 CIP 数据核字（2022）第 184283 号

责任编辑：袁勤勇
封面设计：何凤霞
责任校对：郝美丽
责任印制：宋　林

出版发行：清华大学出版社
　　　　　网　　　址：https://www.tup.com.cn，https://www.wqxuetang.com
　　　　　地　　　址：北京清华大学学研大厦 A 座　　　　　　　邮　　编：100084
　　　　　社 总 机：010-83470000　　　　　　　　　　　　　　邮　　购：010-62786544
　　　　　投稿与读者服务：010-62776969，c-service@tup. tsinghua. edu. cn
　　　　　质量反馈：010-62772015，zhiliang@tup. tsinghua. edu. cn
　　　　　课件下载：https://www.tup.com.cn，010-83470236
印 装 者：三河市铭诚印务有限公司
经　　销：全国新华书店
开　　本：185mm×260mm　　　　　印　　张：9.25　　　　　字　　数：217 千字
版　　次：2022 年 12 月第 1 版　　　　　　　　　　　　　　　印　　次：2025 年 4 月第 2 次印刷
定　　价：48.00 元

产品编号：093975-01

译者序

　　研究生教育的目标是培养高层次专业人才和未来的知识精英。随着社会经济的发展，研究生在工作和社会生活中的作用越来越重要。2020 年，我国招收研究生 110.66 万人，在读研究生 313.96 万人，同比上涨 9.6%。高校硕士研究生综合素质评价现状调查研究表明，我国硕士研究生规模不断扩大，培养质量却令人担忧，而硕士研究生的科研能力又是培养质量的重要体现。例如，某机构曾向 4 所大学全日制研究生发放"研究生课余时间管理调查问卷"，结果发现，研究生课余时间管理水平一般。

　　英式教育体制有超过 800 年的历史，至今依然是最成功的典范之一，是世界上大多数国家教育制度的基础。英国的教育质量在全世界享有盛誉。英国的学者获得过近百次诺贝尔奖，其研究方法和成功案例对我国研究生教育具有重要的参考价值和借鉴意义。

　　本书共 12 章，以探索研究生科研方法为中心，从职责管理、融入团队、批判性思维、自我革新和关系拓展五大维度形成的方法框架展开，主要讲述了项目管理、学术论文撰写、论文答辩和师生关系等内容。本书针对特定问题进行了系统的分析，给出了有效的解决方法，有助于研究生顺利完成科研工作和论文。

　　本书由西安工业大学高武奇翻译，西安工业大学王瑛、英国伯恩茅斯大学 Feng Tian 提出了许多宝贵的建议，在此表示深深的感谢。在本书翻译过程中，硕士研究生李元路、李秀芳、穆武斌、杨婷、王曼、李超、肖良舜、郭玥鑫、曾雅欣、辛梦瑶、梁敬文、高雪、艾佳伟做了大量基础工作，为本书的出版付出了辛勤的劳动。本书获得了"西安工业大学高等教育教学研究丛书建设工程"和"西安工业大学专著出版基金"资助，还得到了陕西省研究生教育综合改革研究项目（陕教 2020（198 号））和西安工业大学研究生教育改革研究项目（2020）的支持。由于译者水平有限，翻译疏漏之处在所难免，敬请批评指正。

译　者

2022 年 5 月

序言

　　本书内容全面易懂，为我们进行研究工作、解决研究过程中的问题和有效制订研究计划提供了实用的方法框架。本书借鉴交叉学科和成功案例，给出了关键性的实用技巧，为出色完成自然科学、社会科学领域以及跨学科的研究项目提供了方法保障。

　　本书涵盖了研究生科研过程的关键性问题、困难和解决方案，探讨了：

- 如何有效地安排时间。
- 如何与团队高效合作。
- 如何发挥导师的作用并明确其可提供的帮助。
- 学术写作的实用方法。
- 本科生与研究生科研的差异。
- 如何激发活力、均衡发展，使研究生在整个研究过程中脱颖而出。
- 项目研究助力职业规划。

　　本书是研究生进行项目研究的最佳指南，提供了项目管理方法背后的重要理论，确定主要目标并解决可能出现的问题。

　　本书是 *Successful Research Supervision，Second Edition* 的配套指南。本书给出了实用性很强的项目研究方法框架，可用作导师检验其培养和管理学生效果的实操手册。它可帮助导师指导研究生，使研究生学会思考，做事有条理，并以高效的方式进行独立研究，也是新手和经验丰富的导师寻求自身发展的指南。

　　Anne Lee 是一位独立学者，是英国布里斯托尔大学的名誉研究员，挪威斯塔万格大学副教授。

出版者

前言

《研究生科研入门》提供了一个全面、实用的项目研究方法框架，让读者能够检验自己的研究行为，解决问题并高效地对研究进行规划。本书借鉴了不同学科和交叉学科的成果，有助于从事自然科学、社会科学及多学科交叉项目的科学家和研究生做好科研工作。

在实践层面，本书将就以下内容展开论述：

- 有关管理时间的方法。
- 学术写作的实用方法。
- 导师能切实提供帮助的范围。
- 本科生和研究生之间的差异。
- 可能找到的其他优秀资源。
- 在整个科研过程中保持平衡与发展。
- 通过项目研究助力职业规划。

本书吸收并列举了世界各地研究生的优秀科研实例。

研究生科研任务繁重、时间紧迫，英国本土和世界各地对于数据采集、团队合作和技术发展等方面的期望和这些方面越来越多的发展机会都将带来不小的压力。本书主要论述科研任务探究、期望和问题解决等方面的内容，同时也为广大导师就如何带领学生开展研究提供帮助，方便双方规划如何高效利用时间。

致谢

特别感谢来自英国布里斯托尔博士学院（Bristol Doctoral College）的 Paul Spencer 和 Loriel Anderson，他们提供了宝贵意见，使本书内容更加完整。除此之外，还要感谢他们的学生和布里斯托大学（University of Bristol）的其他同事，特别是 Sally Barnes 教授和 Kate Whittingon。我很高兴能够和他们一起工作，完成自己的项目。

Robert Radu 和挪威斯塔万格大学（University of Stavanger）的同事一直都是我的好朋友，感谢他们一直支持我在挪威时提出的许多新方案。要特别感谢 Robert，他以超凡的能力将我那些耗时费力的计划转化为落地项目。

我要特别感谢来自挪威的学者：斯塔万格大学的 Shahe Shalfawi 和阿格德尔大学（University of Agder）的 Tor-Ivar Karlsert 及其团队，他们对学术问卷的编制做出了很大贡献。他们在问卷编制过程中所表现出的专业精神与热情让人感动。本书当然还有很多需要完善的地方，但我们正朝着正确的方向踏实推进，步步为营。

这项工作于几年前在萨里大学（University of Surrey）展开，我非常感谢萨里大学的教职员工和学生。我还要感谢在英国、爱尔兰以及其他国家的大学和研究所共事的同行、学者和导师，感谢你们提供的宝贵意见，为修改和拓展本书的内容提供了很大的帮助。

再次感谢为本书做出贡献的研究生以及当时我工作的萨里大学那些受访的广大群体。这本书凝结了全球研究人员的贡献与心血。你们是最令人感动、最专注的一群人——感谢你们的研究，为改善我们的世界做出了巨大的贡献。

我也很感谢 Vitae. ac. uk 同意在 RDF Enterprise Lens 修改研究人员发展框架（Researcher Development Framework）。

作　者

可互换的术语

研究生、博士生或早期职业研究员？

欧洲的博士生通常被称为"早期职业研究员"（early career researcher，ECR）——一种重要的关于身份和职业轨迹的称呼。在其他国家，"早期职业研究员"是指已经获得博士学位的学生（博士后）。在本书中，"研究生""研究员""ECR"可互换使用，指具有硕士或博士水平且在某些领域从事具体研究的人。这些原则对从事研究项目且具有雄心抱负的本科生同样适用。博士后经常参与学生研究项目的指导工作，所以他们会对这本书感兴趣。

论文（dissertation）还是著作（thesis）？

在英国，"论文"广义来讲是指本科生提交的学位论文和授课型硕士提交的学位论文。"著作"指专著或博士生在读博后期提交的毕业论文。在美国和其他地方，"论文"和"著作"用于准确描述高等教育中研究的水平。而在本书，这两个术语用来描述宽泛而严谨的原创研究。

顾问（advisor）还是导师（supervisor）？

在本书中，术语"导师""学者""顾问"可互换使用。在北美地区，"顾问"一词更为常见；在英国和澳大利亚，通常用"导师"。

指导（monitor）还是辅导（coaching）？

本书中的"指导"一词用于描述特定的整体指导过程，主要是指间接引导。"辅导"更偏重技术，对专业知识有更好的掌控。因此，"指导"主要是指一系列对职业选择进行指导，而"辅导"则是指导学生使用特定设备进行实验。

缩略语

CGS（Council for Graduate Schools）：研究生院委员会（美国）

EAL（English as an Additional Language）：英语作为附加语言

EdD（Doctorate of Education）：教育学博士

EHEA（European Higher Education Area）：欧洲高等教育区

EngD（Doctorate in Engineering）：工程学博士

EUA（European Universities Association）：欧洲大学协会

MOOC（Massive Online Open Course）：海量在线公开课

OECD（Organisation for Economic Co-operation and Development）：经济合作与发展组织

PRIDE（Association of Professionals in Doctoral Education）：博士教育专业协会

PsyD（Doctorate in Psychology）：心理学博士

QAA（UK Quality Assurance Agency）：英国质量保证局

SEDA（Staff Education and Development Association）：员工教育与发展协会（英国的一个专业协会）

SOTL（Scholarship of Teaching and Learning）：教学奖学金

SRHE（Society for Research in Higher Education）：高等教育研究学会

UKCGE（United Kingdom Council for Graduate Education）：英国研究生教育委员会

目录

第 1 章

成为研究型人才

1.1 为什么本书是独一无二的

本书的基本框架是要给研究生提供学术研究的方法，解释不同方法之间的异同，并融合几种合适的方法，以顺利完成研究。经过作者的反复调研，查阅大量文献，总结出了研究生和导师进行高效研究的行动方法和思考方法。本书可以解释在研究生学习阶段的一些疑惑，例如导师要求你承担某些任务的原因，导师的反馈中隐含的信息。通过对优秀研究生及其导师进行大量调研，本书确定了 5 种进行科研项目研究的方法。了解了这些方法后，研究者就能够顺利地找到一种适合自己的方法进行学术研究或其他项目研究。

本书的基本框架以矩阵的形式呈现，深入研究探讨了 5 种方法。理解这 5 种方法之间的联系，能够为成功完成研究提供全面的经验。在图 1.1 中，用维恩图的形式展示了实现功能框架的 5 种方法。职责管理包括遵守大学规范、掌握项目管理方法，没有达到标准不能授予学位；融入团队就是要成为受欢迎的成员；批判性思维是指描述和创造知

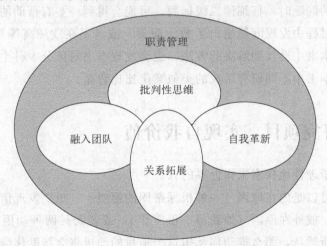

图 1.1　展示相互关系的框架图

识所需要的分析能力；自我革新是指做出明智选择的能力；最后，关系拓展包括如何与同事和导师保持良好的关系。本书将帮助你掌握这些方法。

第 2 章可以帮助你理解本书的框架。附录 B 提供了更多的理论基础及其背后的研究细节。

你需要做研究吗？你想用尽可能简单的方法把它做好，并且一定要在自己设定的时间内完成。

在实践层面，本书旨在帮助你：

- 收集关于时间管理的方法。
- 阐述良好的学术写作实践。
- 确定导师能切实提供的帮助。
- 说明本科生和研究生在项目研究上存在的差异。
- 列出其他可能有用的资源。
- 帮助研究者在研究过程中保持平衡并不断成长。
- 通过研究制定职业规划。

1.2   如何使用本书

如果读者刚开始从事研究工作，可以考虑从第 3 章的任务 1～任务 3 开始阅读。如果从头到尾一口气读完本书，显然无法细致掌握它的精髓。本书是笔者作为研究生、导师和团队领导 20 多年经验的总结。现在你可以浏览目录找到所需要的内容。

在二级标题的指示下，读者可以按照项目研究的进度，随意浏览自己需要的内容。例如，大多数读者更喜欢从第 3 章开始阅读，但在深入自己的研究项目之前，可能不想读 4.2 节"如何进行学科思维"的内容。

在面对具体的问题时，仔细读二级标题，可能会得到一些有帮助的建议。

如果在研究过程中发现问题超出了教学职责，或者不在欧洲高等教育区（EHEA）框架内运作，在本书中会找到解决的方法，也会发现本书对区分本科生和研究生研究的差异很有帮助。本书中不同研究层次的类似案例比比皆是。

1.3   承担研究项目，实现自我价值

研究者是敢于理性地探索未知世界的人。

研究的动因可以是内在原因（一种根深蒂固的愿望——想要发现信息，创造关于特定现象的新知识）或外在原因（如获得一份工作），或者兼具两种动因。若你发现自己面对海量信息无所适从，那么推动你承担这个项目的动机将会帮助你继续前进（这是共识，也是迈向清晰的重要阶段）。

下面将探讨在高等教育不同阶段做研究的意义。了解这一点很重要，因为本科生或硕士研究生都会做研究，也希望能明确之前积累的经验与下一学习阶段之间的区别。以下描述摘自欧洲高等教育区（EHEA）2018 年出版的高等教育资格框架。EHEA 包括来自欧洲和其他地区的 48 个成员和合作伙伴。

在本科阶段，学生在研究某个领域时，所使用的知识以及对知识的理解必须来源于先进的教科书，通过收集相关数据来解决问题并提出论点。在硕士阶段，对学生额外的一项要求是能够在新的、不熟悉的环境中应用解决问题的技巧，并且能够使用不完整或有限的信息做出自己的判断。在博士阶段，对学生的期望是能扩展知识的边界，做出原创性的贡献。在每一个阶段，我们都期望学生能够意识到社会责任和道德责任（这些描述是从 EHEA 资格框架中提取的，将在本章末尾的表 1.1 中进行总结）。

我们知道，所有合格的研究人员都具备社会所需的生活技能，且符合雇主意愿。博士毕业生对企业、政府、社区、非营利部门和学术界做出了重大贡献（Bryan 和 guuccione，2018）。我们也知道，做好研究工作很辛苦，那么任何形式的研究对我们来说都值得吗？

笔者从自己个人的立场出发，认为独立研究是最好的机会。从提问和收集材料开始的小型项目，到有机会深入你自己的课题，再到有能力以博士水平进行原创知识的研究，拥有良好的研究技能使我们能够明白如何开始学习新事物。

在本科和硕士阶段，可能无法摆脱导师的期望。许多课程都要求研究者承担一个研究项目或撰写一篇论文，要想顺利毕业，就必须完成这些任务。解决这个问题的关键就是找到一个对我们来说既有学术意义，对个人发展有益，又可以实现的课题。但在博士阶段，我们可以按自己的意愿选择课题。选择的关键是"我怎样才能让研究课题对我而言有价值"。

1.4　需要规避的风险

1. 没有根据研究方向规划职业生涯

攻读硕士学位，可以使你在职业生涯中获得巨大的收益，尤其是对女性而言。虽然博士后的收入不一定丰厚，但就业机会通常会随着学历的提高而增加（Casey，2009）。因此，选择最合适的研究方向，并从一开始就用它探索职业选择和建立人际网络，这是至关重要的。即使可能不明确将来要做什么，在不断拓展研究技能、探索各种途径的过程中也很可能找到答案。

2. 没有保持身心健康的计划

最近，这一点获得了公众的广泛关注。心理健康的定义多种多样，包括高效工作、维持良好的人际关系和克服逆境的能力（Vailes，2017，p26）。要确保自己能够自主规避常见的精神疾病风险，成为 68％ 的健康博士生中的一员（Levecque, Anseel, De

Beuckelaer，Van der Heyden 和 Gisle，2017），最重要的是要做好计划，定期从事一些体育活动，保持健康的饮食习惯、社会交际，适当休假。

3. 导师放水或指导混乱

本书的主旨是指导学生从导师那里得到最好的指导，充分利用跟随导师一起研究的有限时间来发挥自己的优势。很庆幸，关于与导师有不良关系的报道很少，但如果我们发现自己处于这种关系中，请参阅第 10 章。除了这些，学生遇到的最大风险其实是无法理解导师的想法或行动。要解决这个问题，最关键的是充分利用与导师在一起研究的宝贵时间，与导师交流，也可以参阅第 2 章介绍的框架。

1.5   科研工作的好处

虽然做研究并不能明确职业生涯，但对博士毕业生的访谈表明，许多人在完成研究工作 5 年后，确实看到了研究工作对职业发展的益处。Bryan 和 Guccione（2018）提及了几个例子（尤其是来自 STEM 项目的例子）。在这些例子中，受访者确信，自己的学历对获得研究性工作和咨询性工作的机会至关重要，如果没有学历的支持，他们根本没机会接触这些工作。

所有受访者都认识到，通过研究工作，他们获得了重要的实用技能，其中最重要的是包含批判性思维在内的抽象认知技能。这意味着能够以雇主认可的方式来描述上述技能是非常重要的。工作实习则是实现这一目标的重要途径。

无论身在何处，积极支持团体或部门的工作，并努力成为其中的一员，都能增强你的幸福感和自豪感。最理想的状态是，我们能够与一群智力非凡的成员在团队中一起工作，这种氛围会令人兴奋，而这种环境在其他地方是很难找到的。自尊和地位是不同的。虽然学生可能会为了获得资质和职称而开始学习一门课程，但随着时间的推移，我们会发现头衔其实并不是最重要的因素。当你提交了一份工作时，那种成就感可能会让你异常兴奋（当评估结果是积极时更是如此）。对于博士生来说，会获得一种特别难得的愉悦感，这种感觉会令他们十分享受。正如 Bryan 和 Guccione 所言，克服挑战和建立牢固的团队关系使自信心得到增强，这是一种宝贵的、提高生活质量的特质。

1.6   选择研究地点和团队

如果还没有选择大学、研究所或导师，可以从这里开始阅读。

上大学可能会为我们打开一扇意想不到的职业之门。在大学里，我们要积极参加学校组织的各种就业指导和招聘活动，也可以从已经毕业的校友那里获取他们正在从事的职业的信息。

如果以后想从事学术研究工作，最好选择一所可以将毕业生输送到其他高校工作的大学。如果想留在当地，可以选择一所扎根本区域的大学。一所大学的就业记录和不同凡响的领域优势等信息涉及很多方面。例如，该大学是选择本地人担任其主席、教务长、董事长、校长或院长，还是寻找国家级或国际性的人物担任这些职务？虽然这些是形式上的角色，但也可能对大学的整体方向产生关键影响，因为这些人除了在毕业典礼上颁发学位外，还经常主持重要的会议。你喜欢的大学在不同的排行榜中有哪些突出的优势？有哪些劣势？关于大学的策略或主要目标，官网强调了什么？是针对具体行业、企业或公共部门，还是描述了许多跨学科项目（有时称为"大挑战"）？如果你想去旅行并学习另一门语言，这是一个难得的好机会，但是在旅途中也会遇到挑战。无论如何，还是要从校友那里获取信息，借鉴经验。

在不同的国家，博士课程之间存在着许多国际差异。在美国，加入一个博士课程计划，几年后可能还是只有一个导师（或导师团队）。在斯堪的纳维亚半岛的大部分地区，导师不允许参与招聘过程（以避免偏见），但在挪威和荷兰等地，导师通常是有报酬的全职雇员，并有养老金。在其他国家，学费水平不同，资助可能会带来相当多的义务。例如，毕业后必须回到母国工作数年，或者在继续完成学位时讲授一门课程。

从中世纪主要作为教学许可证，到 19 世纪占据大学研究的中心地位，再到我们今天同质化和资本化的产品，人们对博士学位的演变过程有详细的描绘（Taylor, Kiley 和 Humphrey，2018）。聪明的学生认识到，将研究引入课程的形式是目前的一种趋势，尤其是在博士生阶段，给大多数学生带来了更多的竞争和不同的成功衡量标准（指标），特别是在衡量按时完成学业的人数上，衡量标准变得更加多样化。这不可避免地会影响学生对学校的期望，但聪明的学生也会抓住每一个机会，最大限度地增加从事自己想从事的研究的机会。

在英国，你可以选择攻读传统研究型博士学位（见图 1.2）或专业型博士学位。专业型博士学位（如教育学 EdD、商科 DBA、心理学 PsyD 和工程学 EngD）通常会有更多的教学和评估课程，研究项目可能会略少一些，但在某些情况下，会附带特定专业从业资格证（见图 1.3）。这些学位有时被称为"现代博士学位"，它们与学术之外的就业能力有着更密切的联系（参见 www.superprofdoc.eu 网站上欧洲不同项目的案例研究）。有时是通过出版物来获得博士学位的（虽然这些出版的论文和书籍很优秀，且涵盖毕业论文的主体部分，但是能将所有内容集合在一起的文档还是非常重要的，见图 1.4）。发表论文有时是有经验的学术人员获得博士学位的公开路径。

深而窄：有重点地研究
（专题论文）

图 1.2　博士学位的形态（1）：深而窄的研究型博士学位

漏斗：展示对该领域（有时是评估模块）
和研究项目的掌握

图 1.3　博士学位的形态（2）：漏斗——需要广博知识和深度研究的专业型博士学位

顶级：通过发表"顶级"论文获得博士学位，
该论文汇集了以前发表过的研究成果

图 1.4　博士学位的形态（3）：发表顶级论文的博士学位

如果你正处于这样一个阶段：明确地知道想在哪个领域进行研究，那么在加入这个团队之前，你需要拜见未来可能一起共事的导师和学者。在有些国家和有些项目中，你需要申请有名气的学者作为导师。研究人员发现，有时候选择知名学者作为导师意味着导师会非常忙，经常出差，很少有时间与其面对面地交流，所以在面试阶段要询问导师会花多少时间和你在一起，这非常有必要。

1.7　职业规划的第一阶段

1.7.1　博士毕业生的职业背景

获得博士学位或博士后聘用合同后，继续进行学术研究或在高等教育系统中从事其他工作似乎是最常见的就业途径。挪威最近的一份报告显示，60％的博士毕业生希望从事学术/研究工作（Reymert，2017）。英国的《研究生研究经验调查报告》（PRES，2017）表明，39％的研究生希望在高等教育系统中从事学术工作，14％的研究生希望在高等教育系统中从事研究工作，而15％的研究生还不确定。其他职业理想约占样本的20％，其中包括其他职业，获资助攻读学位的企业家，自主创业者和教师。本次调查共有超过 57 000 名参与者，来自英国的 117 所大学，他们之中65％来自英国、9％来自欧盟国家、26％来自非欧盟国家（Slight，2017）。

然而，调查显示高达60％的博士毕业生继续学术研究的志向未能实现。Hunt，Jagger，Metcalfe 和 Pollard（2010）发现，只有少数博士毕业生（19％）在毕业三年半后会在高等教育系统从事研究工作，22％的人在高等教育系统执教。其余的大部分人都在医疗、教育、工程和商业等领域从事其他工作。

博士生的职业选择受到许多因素的影响。澳大利亚的一项调查确定了影响博士生职业选择的一系列因素，其中包括工作经验、是否从研究型大学毕业、远程学习能力、掌握一定求职策略和获得社交机会（Jackson 和 Michelson，2015）。

另一个需要考虑的关键影响因素是个人如何看待自己的人生轨迹。"想象未来"是非常有必要的，McAlpine 和 Turner（2012）对此进行了探索。

1.7.2 发展职业抱负

Vitae 的著作（Haynes，Metcalfe 和 Yilmaz，2016）显示，如果受访者后来受雇于高等教育单位，从事研究工作，他们长期以来认定的职业目标会发生如下显著变化。

- 只有 18% 的人选择继续学术生涯。
- 最常见的职业目标是在高等教育行业之外的非研究类职业，有 1/3 的受访者选择了这一项。
- 在所有受访者中，有志于自主创业/经营自己的公司/从事咨询工作或高等教育系统中其他工作的比例比之前增长了两倍以上，约占总数的 1/5。

男性受访者更倾向于在高等教育和其他行业中从事研究型工作。与男性相比，女性更愿意在高等教育系统中长期从事研究和/或教学以外的工作。总体来说，人们的长期职业抱负在职业兴趣上的分布更为均匀，流动性也更大，而且会向各个方向发展。例如：

- 有相当一部分受访者渴望职业进一步转型，有 1/5 的人渴望自主创业/经营自己的企业或咨询公司，这是目前自由职业者的两倍。
- 在那些现在渴望在高等教育系统从事研究工作的人中，只有 70% 的人在作为研究人员时抱有这种期望。
- 在那些不想从事研究工作的人中，只有 40% 的人和在高等教育系统从事研究工作的人有同样的愿望。

1.8 想象未来的自己

在本章的开头，提到的第一个风险是"没有利用研究方向来规划职业生涯"。应对这种风险的方法之一就是看你在研究过程中遇到的人，了解他们的工作类型。我们每个人的身份是由复杂的经历形成的，也在不断进化，因而，将来每个人扮演的角色也是各种各样的（McAlpine 和 Turner，2011）。随着探索的深入，我们向着寻求的未来迈进。第 12 章将探讨这样做的方法。

1.8.1 可能的职业

2016 年 Haynes 等人的调查显示，4/5 的在职人员从事 9 种职业中的一种（见第 12 章）。当学生开始做研究的时候，要尽可能多地考虑不同角色和组织，这一点很重要。

在有些国家，商业组织可能会提供比学术机构更多的研究机会，但这些机会可能受到商业目标的影响。正如我们所看到的，通过研究获得的可迁移技能可以为你在商业、公共部门和非营利机构提供广泛的职业选择。从政策到实践，需要考虑不同层次的教育和工作方式。例如，越来越多的团队是由研究人员和开发人员组成的。

虽然挪威的大多数博士毕业生都有工作，但与其他地方一样，短期合同仍然存在问题（Thune，Kyvik，Olsen，Vabo 和 Tomte，2012）。在英国，《职业协定》（Vitae，2008）旨在通过影响资助者和雇主，为学术研究人员创造一个更稳定的环境。在一个瞬息万变的世界里，回顾过去并非总是通向未来的最佳指南，因此 12.8 节专门介绍创业型研究人员。

1.8.2　长期趋势

博士毕业生的长期就业趋势是衡量其毕业后 3 年的情况。这项研究强调了博士研究经历对研究人员、雇主和社会的主要价值。有充分的证据表明，博士毕业生显现了相对较好的就业能力和价值，并且比硕士毕业生的收入更高，但数据也警示了短期和定期博士后因合同带来的经济不稳定的问题（Mellors-Bourne，Metcalfe 和 Pollard，2013）。

1.9　研究初期的职业规划建议

- 选择一个研究主题，要尽可能广泛地了解本领域的人际网络，这样你就可以了解他们的工作方式和工作地点，进而确定这个研究主题是否适合你。
- 利用不断发展的研究技能，找出并记录感兴趣的工作和机构。
- 尽可能保持多种选择：如果有机会发表或展示研究成果，即使在当时看起来并不重要，也要这样做，因为这会为你打开一扇今后极富吸引力的大门。此外，把它写在你的简历上也是很有必要的。你可以想象自己扮演尽可能多的角色，创造一系列"可能的自我"。

1.10　对导师的期望

对导师有什么样的需求取决于你自身的需求、导师的优势及学校的组织方式。现在，有一些大学会为学生提供大型的普通本科和研究生支持项目。例如，有些学校将学术英语写作或英语写作作为附加语言课程，为学生提供帮助。有些大学提供的帮助很有组织性，它们能够基于学科为研究生或博士后提供很好的培养课程，如数据搜索、统计学及其他定量定性分析方法。它们也经常为学生提供团队建设、项目管理和沟通技巧方面的指导。许多大学都有出色的工作安排、工作体验计划和优秀的职业规划部门。在这些大学里，导师的重要职责可能是发现这些机会，使你能够获得这些机会。第 2 章的内容贯穿了本书的其余部分，旨在分析你的需要（学术研究的不同阶段可能有不同的需要），明确导师可以为你提供哪些帮助。有了这些帮助，你就可以找出自身的优势和差距，并有效地弥补这些差距。

1.11　欧洲高等教育资格框架

许多国家都有优秀的高等教育框架，概述了对不同层次学生的期望（例如，爱尔兰，www. qqi. ie/Articles/Pages/National-Framework-of-Qualifications-（NFQ）. aspx；英国，www. qaa. ac. uk/docs/qaa/quality-code/qualifications-frameworks. pdf（2014）；挪威，www. nokut. no/en/norwegian-education/；澳大利亚，www. aqf. edu. au/）。值得深入研究、与你最相关、最常用的例子是最初在博洛尼亚为 EHEA 设计的框架。在表 1.1 中，可以看到相邻的不同课程层次之间的一些差异。在这里我们可以看到，每个知识层次的第一部分涉及了对所需知识的理解水平；第二部分涉及继续学习的能力问题；第三部分涉及学生交流知识的能力问题。EHEA 资格框架是一套涵盖领域最广泛、最实用的高等教育资源框架，这在后文均有论述，并在表 1.1 中进行了总结。

表 1.1　EHEA 资格框架摘录（2018）

第一周期（学士）	第二周期（硕士）	第三周期（博士）
知识	知识	知识
• 在普通中等教育的基础上展示对某一研究领域知识的理解，并且这些理解是处于高级教科书水平的，其中还包括一些研究领域的前沿知识。 • 能够将所掌握的知识和对知识的理解，应用于显示工作专业性的职业生涯中；在自己的研究领域具有设计、论述观点、解决问题的能力。 • 有能力收集和解释相关数据（通常是在自己的研究领域内），以形成判断，包括对相关社会、科学或伦理问题的反思	• 该周期的知识理解是建立在第一个周期的基础上，加以扩展或增强的内容，并在研究背景下提供基础或机会来发展或应用创意。 • 能够应用自己的知识和理解，解决新的或不熟悉的问题。能在更广泛的相关研究领域（或多学科）的环境中工作。 • 有能力整合知识和处理复杂问题，并在信息不完整或有限的情况下做出判断，包括反思、应用知识以及判断相关社会和伦理责任的能力	• 对某一研究领域有系统的理解，并掌握与该领域相关的研究技能和方法。 • 能够以学术诚信构思、设计、实施和调整研究项目及其实质性过程。 • 通过原创研究扩展知识前沿，丰富现有的研究，为学术做出贡献，在国内或国际发表论文。 • 能够批判性地分析、评估和综合新的、复杂的想法

续表

第一周期（学士）	第二周期（硕士）	第三周期（博士）
交流	**交流**	**交流**
● 能够向专家和非专家受众传达信息、想法、问题和解决方案	● 能够清楚、明确地向专家和普通受众传达结论、知识以及支持这些结论的基本原理	● 能够与同龄人、更大的学术团体及整个社会就专业领域进行交流
持续学习	**持续学习**	**持续学习**
● 已经具备了继续深造所必需的学习技能，并拥有高度的自主性	● 具备学习技能，从而基本上能够以自我指导或自主的方式继续学习	● 能够在现有的学术和专业背景下，促进知识社会中技术、社会或文化进步
通常需要 180～240ECTS 学分	通常需要 90～120ECTS 学分，第二周期的最低要求是 60ECTS 学分	未指定 ECTS 学分

来源：改编自《EHEA 框架》（2018）

本章有意突出了一些关于职业规划的问题。不是因为现在就要做决定，而是因为你需要保持开放的选择范围，第 12 章将谈到如何在这些选项中做决定。第 2 章介绍一个框架，可以用来分析你需要什么和你的导师（或导师团队）可以提供什么。这个问题解决框架可以应用于所有层次的高等教育，还能解决生活中的许多困境，但其最初却是来源于对博士生和导师进行有效监督的研究。

第 2 章

研究方法框架分析

本章所介绍的框架能够帮助学生分析自己的兴趣、需求、优势及发展领域，目的是让学生学会利用大学内的人脉和资源，成长为一名独立的研究生。这个框架只是一个指导，它包含了 5 种方法，这 5 种方法并不像表 2.1 中所显示的那么分散。相反，它们融合在一起，提供了一种有效解决问题的方法。如今，很多学者和研究人员已经发现这个框架是非常有用的工具，可以分析个人的成长，了解自己周围的人在什么时候最有可能提供有用的帮助和支持。

表 2.1 学生的需求

职责管理	融入团队	批判性思维	自我革新	关系拓展
明确目标 明确节点 制订计划	集体 归属感 职业机会 榜样	独辟蹊径能在讨论 中质疑	自我意识 自我治理 自我实现	友善 培育 平等

该框架表明，学生有不同方面的需要，并且随着研究的深入，这些需要可能会发生变化。简单地说，它主要来自对成功学生、导师和学术界同仁的访谈记录，受访者主要是来自英国、欧洲大陆、斯堪的纳维亚半岛和美国的学生和学者，还有多年在澳大利亚参与合作的同事。

图 2.1 所示的框架概要展示了学生的各种需求。**职责管理**包含明确目标，管理时间，了解重要事项，明确下一步工作的节点，制订计划。**融入团队**需要成为研究小组、部门或学科的一员，并知道如何在这种环境中有效地工作（通常是通过观察榜样来学习）。

批判性思维需要了解如何提出强有力的论断，并且能够接受他人的反驳。**自我革新**是指了解自己，自己能够自主做出决定、发挥潜能、竭尽全力完成工作（自我实现）。而**关系拓展**是指人们需要支持、与他人的共情，以及被重视和有价值的感觉。这意味着要有高情商，与人平等相待，互相扶持。

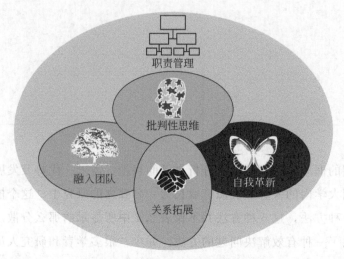

图 2.1   展示相互关系的框架图

前面介绍了表达期望的需求列表，但是笔者的目的是通过本书可以让你厘清这些需求意愿，找出对你而言最重要的需求，然后在你从事研究的过程中，找到满足这些需求的方法。

在本书的其余部分，该框架均以矩阵的形式展现。在实践中，各个模块之间的边界很模糊，为了便于分析，通常采用维恩图（图 2.1）表示。尽管笔者反对过分强调职责管理，但是本书的总体框架仍然是职责管理，笔者非常清楚，没有一个系统性的框架，本书就不能获得资格认证。

2.1   做研究时最重要的方法是什么

随着研究的推进，你的观点有可能会会改变，现在你回答了下面的问卷，但这些答案可能会再次随着研究的进展发生改变。虽然这个框架确实有局限性，但是对于理解不同的自我评估方法是十分有用的。表 2.2 鼓励学生和参与者在研究过程中优先考虑重要事项。请在相应的框中打勾，等级数值越大，说明重要性越高，最后计算出总分。

表 2.2　学生版本：问卷和计分表

（帮助学生更好地理解方法框架）

博士生研究的不同方法

根据你认为的重要性等级，在相应的选项框里打勾	不重要			重要	
	1	2	3	4	5
1. 在本次会议结束之前安排好下次会议的时间					
2. 了解如何设计与实施项目，而且该领域的人将其视为职业伦理与实践结合的典范，这一点很重要					
3. 要有批判性思维，能认清论文、论点或工作中的不足					
4. 明白是什么激励着自己，为什么要做这项研究					
5. 能恰当地控制自己的情绪及对待他人的态度					
6. 记录和导师每次见面谈话的内容					
7. 在完成学业后，还想继续在这个领域工作					
8. 想阐述思考的深度					
9. 期待成为与众不同的人，因所从事的研究改变自己					
10. 享受与导师和同学一起做研究的时光					
11. 在和导师见面之前会发送材料，以表明自己正在进步					
12. 清楚地了解所在领域领军学者的工作					
13. 能对一些命题提出反证					
14. 在做研究的过程中，可能会经历自我怀疑的阶段，可谓"至暗时刻"，但会因此更加坚定					
15. 要与其他部门的员工保持积极的工作关系，并在他们需要时给予帮助					
16. 会在记事本里记录下年度报告的关键日期等，这样就能监督自己的进度					
17. 在自己的领域中寻找有趣的优秀实例来效仿					
18. 相信成功的研究者能够以广泛的或跨学科的方式思考					
19. 认为学会重新定义重要的问题是很重要的					
20. 通过对工作的兴趣来激发别人的热情					

给你的个人情况打分

把下面的数字加起来——这会让你知道你作为博士生优先考虑的事项

问题序号	得分	问题序号	得分	问题序号	得分	问题序号	得分	问题序号	得分
1		2		3		4		5	
6		7		8		9		10	

续表

问题序号	得分	问题序号	得分	问题序号	得分	问题序号	得分	问题序号	得分
11		12		13		14		15	
16		17		18		19		20	
职责管理 总分		融入团队 总分		批判性思维 总分		自我革新 总分		关系拓展 总分	

来源：根据 Shalfawi（2016）和 Lee（2008）的资料改编。

来源：© Dr Anne Lee，2018，V. 2. 改编自 Shaher Shafawi 的研究资料。

2.2　了解你的研究

这份简单的调查问卷旨在帮助学生了解研究中的重点，并进一步了解研究中的各种理论方法。该问卷还没有经过充分的验证，因此只能作为参考。

对于希望成功的学生来说，常见的模式是在最开始就会考虑项目截止日期之外的影响并以此为驱动，如转学或年度报告（一种职责管理方法）。随着时间的推移，他们对在自己的领域或学科（培养要求及计划）中如何成功地完成工作任务更感兴趣。在研究过程中需要培养缜密的分析能力，对有些学生来说，培养思维能力（批判性思维）是工作中最重要的。将研究过程看成自我发现、增长智力和探索知识的学生可能会发现，他们的内在动机正在推动他们走上新的道路，从事未曾想过的职业（自我革新）。对于一些学生和导师来说，最重要的因素是他们处在一种互相信任的工作关系中。

学生将他们的问卷答案与导师或同学的答案进行比较，以了解导师为什么会以某种方式做事，并且可以更清楚所需要的帮助和支持。

2.3　真正的担忧

当研究生们确定说出自己的焦虑和担忧不会影响对其工作的评估时，可能会问以下几个问题。在表 2.3 中，根据框架的模块对问题进行了分组，并且对每个问题给出了初步的建议。对于每个问题，都在这个框架下给出了分析。表 2.3 只是初步的探索，还会有其他问题。第 9 章和第 10 章中会更详细地讨论其中的一些问题。在下面的问题中，建议你首先确定最紧要的问题，并将其列入下次与导师见面的议程中。本书的其余部分介绍如何为真正重要的问题提供可能的解决方案。

表 2.3 中的陈述均来自学生对所遇困难的描述。不是所有学生都会遇到这些问题，但汇总起来可以帮助学生识别最重要的问题。

表 2.3 识别、确认并分析研究过程中遇到的难题

遇到的难题	迫切（是/否）	重要性（高/中/低）	需进一步求证的解决之道
职责管理			
1. 做研究时精确的系统化步骤是什么			用甘特图做工作计划，设置短期目标
2. 当我忙于兼职工作并且没有研究方向时，我该如何管理时间			首先专注于研究方向，然后做好时间管理
3. 我住的地方很吵并且没有学习的空间			大学的某个地方肯定会有学习空间。或者与周围的人进行协商，或者找到合适的场所
4. 我经济压力好大，贷款上学让我很焦虑			向学校学生资助中心求助
5. 我的项目需要更多的资金支持			详细研究所有方案及成本代替方案，然后与导师讨论
6. 博士生的学习目标是什么？我随身携带的手册清楚地列出了本科生和硕士研究生的学习目标			以 EHEA 框架（表 1.1）或国家质量机构框架作起点
7. 如果我的导师离开了学校，怎么办			找到院系部门负责人更换导师，可能是联合培养导师、部门领导或研究生协调员。毕业生或研究生管理员会提供帮助
8. 我与导师的见面时间很少，导师说可以通过电子邮件交流			与导师探讨你的想法（见表 8.5）并做一个未来计划的时间表
融入团队			
9. 我如何才能成为研究实验小组的真正成员			查询研究小组的成果、论文、研讨会的内容等，然后学习，并且和小组前辈讨论
10. 我的研究和其他人的研究差异很大，无人可交流			同时开始研究的学生，即使课题不同，由于研究处于相似的阶段，依然可以互相支持，一起探讨
11. 上学的地方远离家人、朋友，怎么才能和当地人交流			是否有面向国际学生交流的网络或国际学生办公室
12. 我该如何判断我是需要专门的导师还是只需要听取一些专家的建议			探索各种可能和选项
13. 我是否能期望从导师那里得到职业生涯建议和签约意向			早期阶段就和导师谈论自己的期望
批判性思维			
14. 导师似乎并不情愿给我布置下一个阶段的研究或学习任务			是导师的时间紧迫还是导师鼓励你要独立

遇到的难题	迫切（是/否）	重要性（高/中/低）	需进一步求证的解决之道
15. 做研究时，我不明白为什么会出现这种情况，我只想要一个可靠的证据			学会应对不确定性很困难。树立信心很重要——你需要更多的支持。咨询他人会有帮助吗
16. 我得到的反馈只有"很好""继续"，什么时候我才能知道工作真正达标			分析你对反馈的期望。是否有历史经验或文化经验可分享？如何描述和表达你的需求？可以从哪些地方获得反馈
自我革新			
17. 不知道"更加独立"在实践中意味着什么			分析独立性并进行探索（参见表8.3）
18. 目前的工作最后不能成为我的职业时，我为什么要做呢			你是否充分利用得到的所有工作合约？有更多的职业选择吗
19. 不知道我能不能做到			这是各个研究阶段的普遍感受。作为一名研究人员，将其视为一个门槛很重要。专注于近期目标，而不是长期目标。在目前提供的支持下找到信心，这个提议还需要考察
20. 应该教多少课？我能做到吗？我能说"不"吗			检查自己的时间管理和果断决策的技巧。另外，要成为高校合格的教师，需要参加哪些培训
21. 想要别人认可我，因此几乎所有的请求我都答应了。现在我想知道我是否能承担起这些责任			检查自己的时间管理和果断决策的技巧
22. 应该如何保持研究的动力			知道是什么激励着你的研究初心很关键。它现在还在激励着你吗
23. 如何使自己专注于研究任务			与他人分析并讨论自己的压力
关系拓展			
24. 导师像父亲还是监督员？他为什么邀请我们出去喝酒然后批评我			把学术批判和个人批评分开。通过预测问题而做出明智的决定。批评可以帮助我们做得更好
25. 参加了一个名为"管理你的导师"的研讨会。为什么要"管理导师"？管理不应该是导师做的事吗			"向上管理"是一种生活技能。你想从导师那里得到最好的指导，而不是浪费时间去得到一些与自己研究无关或无法完成的东西
26. 我以前担任过高级职位。现在我觉得自己被当成了小孩子，我以前的知识过时了，没用了			理解学术知识的创造力和影响力之间的区别。确定如何利用现有优势去增加学术的成果

续表

遇到的难题	迫切 （是/否）	重要性 （高/中/低）	需进一步求证的解决之道
27. 如何明确表达自己需要更多的指导			清楚自己要做什么以及思路是什么
28. 导师似乎对发表论文最感兴趣。而我可能刚入门。我该如何处理			真的吗？是冒名顶替综合征（一个常见的学术问题）还是你需要另一位导师来支持你
29. 两位（或两位以上）导师或帮助者的建议相互矛盾，我该如何处理？我如何有效地与这两位导师协调工作？我们应该一起会面讨论还是分开讨论？如何与我的企业导师和学校导师相处			建立高效的管理团队需要进行大量规划。你的团队成员互相见过吗？利用你所有导师提供的专业知识，必要的话与团队成员面谈，写一份书面报告，讲明自己的观点，化解分歧
30. 我希望得到别人对我工作表现的反馈，但却没有得到任何反馈（或者反馈很简短，我不知道该如何回应）			探索和讨论专家对你的反馈（参见表8.5）。可以录制导师组会的内容，以便可以反复听别人说了什么

　　本章描述了研究方法框架的概要，并为学生提供了一种方法，来确定对他们来说最重要的东西。表 2.3 列出了真实存在的 30 个具有挑战性的问题，并且根据需求进行分组。首先应处理紧急问题，然后融合所有方法来找到最佳的解决方案。有些问题可以通过简单的讨论来解决，有些可能需要进行大量研究，才能找到答案。没有任何一种方法能全面地解决一个问题——你需要多方寻找。第 3 章将更详细地介绍职责管理方法，以及如何帮助我们管理时间和监控研究进度。

第 3 章

管理研究项目：职责管理

3.1　把研究当作一个项目来管理

当你是研究项目的负责人时，首要技能是找到项目纲要的基本结构。我们暂时不去关注这个主题，而是关注如何建构纲要。框 3.1 中是撰写大多数学术研究项目时会遵循的模式（但不一定按这个顺序）。

框 3.1　撰写研究项目的典型纲要结构

1. 定义研究问题
2. 文献调查
3. 找出文献与研究目标之间的差距
4. 研究方法
5. 数据收集
6. 数据分析
7. 结论
8. 参考资料
9. 摘要（虽然这属于论文的第一部分，但通常最后撰写）

每一个简短的标题都需要进行规划，而不被巨大任务压垮的秘诀之一就是将其分解，逐个击破。

3.1.1　任务 1：梳理文献

有许多种可用的参考文献管理软件（如 Mendeley、EndNote 和 Reference Manager），你需要找到适合自己学科和学术要求的软件。大多数的大学图书馆都提供使用参考文献系统的培训，建议在没有确定要用的文献系统之前不要打开任何一本书或期刊。你可以通过标题给参考文献分类，如果你在阅读的过程中做了笔记，那么写文献综述就会很容易。典型的标题一般包括表 3.1 所示的内容。

表 3.1　管理参考文献的示例标题

作者和全文引用	关键理论和论点	论文的目标受众	研究方法或分析类型	示例	关键性研究发现	局限性

3.1.2　任务 2：规划时间表

在管理项目时，下一件要做的最有用的事情就是建立一个事务时间图表。这张图表不是一成不变的，而是需要与所有的导师讨论核实后确定。虽然后期事件有可能有变化，但该图表会给你方向感，让你知道是否需要调整以及什么时候调整。规划时间表的目的是帮助你制作前文所述的项目纲要。

甘特图是为工程项目管理创建的工具，是安排和协调任务的时间表的图解说明。甘特图现在广泛应用于项目申报中，并作为计划变更的管理工具，尽量把非常复杂的工作转变为可行和可操作的工作。这是你第一次总体了解完成研究项目要做的工作，一旦创建了第一个甘特图，就会对自己着手的任务有较好的把握。与导师见面时带上这份报告，这样就可以检查当下的任务是否合适，并留出适当的时间完成这些任务。

绘制甘特图的一个关键优势是，它确保你不会创建或承担一个过于冒进的项目（或可能不够激进）。在任何一项研究中，经常问到的一个问题是："样本规模应该有多大？"不同的研究方法对这个问题会给出不同的答案，但甘特图会帮助你，因为其中一个答案是："在这个项目规定的时间里，可以合理地选取多大的样本？"

表 3.2 显示了一个项目非常简单的甘特图。这只是给你一个理论性提纲。如果你正在进行一个为期 3 年的研究项目，你可能会创建几个甘特图，其中一个是整个 3 年的甘特图，然后是一些来年更详细的甘特图。

表 3.2　一年期项目规划甘特图简单示例

任　　务	9 月	10 月	11 月	12 月	1 月	2 月	3 月	4 月	5 月	6 月	7 月
获取文献	■	■									
阅读文献	■	■	■	■							
研究方法的学习	■	■	■								
申请伦理审批		■	■								
分辨样本			■	■							
数据收集						■	■	■			
数据分析							■	■			

续表

任　务	9 月	10 月	11 月	12 月	1 月	2 月	3 月	4 月	5 月	6 月	7 月
撰写论文			■	■		■	■	■	■		
提交										■	

1. 什么是截止日期

我们首先要关注的就是截止日期。这篇论文应该在什么时间（理想情况下）提交？你还需要记住，对于你的职业规划和项目资金管理计划来讲，论文提交仍然是审查过程的一部分，论文提交和论文审查之间可能有几个月的时间差。表 3.3 显示了一个为期一年的短期项目的逐月样本风险分析情况，也许你想要把风险分析做得更详细。要注意这个项目计划的提交时间。到来年 8 月才需要提交，但是甘特图显示论文终稿将在 6 月完成。这样做有两个原因：首先，它为论文出错预留出了应急时间；其次，如果论文提前完成，你就能享受一个应得的假期。1 月份也是一个没有任何工作的假期（尽管用一个月时间当假期可能相当奢侈）。

如果开始制作甘特图令人望而生畏，你会觉得在思维导图或雪花图上收集想法更容易（在思维导图和雪花图上集中记录论题，然后从这些论题中发散出更多信息或问题）。另一种方法是创建一个研究公告栏（图 5.3）。在这个阶段最重要的是确定需要完成的任务。不要指望自己完成任何清单，要与导师和同学讨论你的草案，并加以确认。

2. 申请伦理审批

表 3.3 中的甘特图建议在第二个月申请伦理审批。此类申请的批准过程可能相当漫长，所以检查伦理委员会开会的时间及截止日期是这个任务的重要组成部分。然而，经历这个过程本身很有帮助，因为这意味着你已经在导师的指导下有了大量的项目研究经历。例如，如果你必须获得知情同意权，你将需要提供文件，说明你的研究。这将是完成项目的一个重要部分。同样，如果你正在面试或组织焦点小组，你必须将设计问题、记录和数据存储作为申请伦理审批的一部分。如果你正在进行实验，申请伦理审批要包括重要的健康指标和安全要求的细节。所有这些都是项目规划的重要部分，并可能会让你有一些重要发现，而这些信息将包含在你的论文终稿中。

3. 甘特图的优点

- 它让你摆脱了对大项目的焦虑，使你可以专注于每一个具体任务。
- 它提供了一份与导师讨论的文档。
- 如果任务被耽搁了一段时间，通过甘特图，你能很清楚地知道做什么来弥补。
- 它让你对目标项目的规模有一个概念。
- 它让你有休假时间。
- 当完成各种任务时，可以好好奖励一下自己。

3.1.3　任务 3：做风险分析

我们希望项目能够成功，因此预测可能发生的风险，从而将风险最小化就非常重要。就像甘特图一样，进行风险分析会得到一个可与导师讨论的文档，从而产生让你（所有人）放心的结果。样本风险分析的样例如表 3.3 所示。这个工具的目的是询问"有哪些方面可能会出错"？做概率预测可能重要，也可能不重要，但将"风险预防或管理"一栏纳入其中至关重要。

表 3.3　样本风险分析样例

风 险 类 型	可能性（P） （1＝低，5＝高）	重要性（I） （1＝低，5＝高）	总计 （P＊I）	负责人员	风险预防 或管理
计算机崩溃					
无法访问样本或数据					
导师辞职或生病					
数据丢失					
数据结果不合格					

管理好你的样本

你的样本可能是人（受访者或参与者），也可能是培养皿上的细菌、月球尘埃的碎片、艺术品或计算机程序数据。不管是什么，它们都是你研究中最重要的部分。

如果样本是人，那么与他们进行协商往往比你想象的要复杂。即使他们已经同意参与并签署了伦理协议书，也可能随时退出。有些人退出是因为他们太忙，或者是不信任研究人员，生病了，换工作，搬家或换机构等。特别是打算做重复抽样研究或纵向研究时，招募比预定数量更多的人很重要。接下来，重要的是计划一下打算和他们多久联系一次，以及如何保持联系。在大多数情况下，一些愤世嫉俗的人会认为，如果这样做能得到一些利益就会参与。他们将从参与的研究中得到什么？对项目的反馈、后续出版物的副本、新想法或新资源的介绍是什么？他们需要的可能不仅仅是助人为乐的感觉。

如果你的样本需要用到材料，那么风险分析就变得至关重要。操作错误的可能有几种？是不是机器坏了？冰箱断电了？一些贵重物品打翻在地吗？在可能出错的地方准备备份（甚至 3 倍）是很重要的，最好存储在不同的地方。研究完成后，如果不再需要这些材料，可以把它转交给其他人，进行重复实验，从而为你的研究增加可信度。

如果你的样本是数据，则必须考虑如何备份每个阶段的工作。可以采用独立的处理系统和单独的位置，但如果有机密性或知识产权方面的问题，就不能这样处理了。在这种情况下，最重要的就是与导师讨论安全措施。通常，在协商数据访问时需要考虑人员因素，在这种情况下，你需要像处理数据一样，注意与数据管理人员的关系。

3.2　时间管理

现在许多大学都开设了关于时间管理的通用技能课程和培训，通常认为这类技能是非常实用的终身技能。生活中总有浪费时间的事情，例如玩游戏或处理不必要的电子邮件，但它们也可以给大脑提供重要的临时缓冲，所以管理它们并将它们视为完成任务的奖励，是比试图消除它们更有用的解决方法。在某些文化中被认为是浪费时间的工作（聚在一起喝杯咖啡和聊天），在另一种文化中却被认为是重要的社会责任。在瑞典，停下工作和家人朋友一起喝咖啡、吃点心是一种惯例，但不会一直这么做，一天只会做一次（或两次）。所以时间管理并不一定消除消极的东西，可以将它们视为奖励管理的一部分。

时间管理还涉及信息的管理。列出一张"要做的事情"清单，是记录每天需要做什么的一种常见而又有用的方法。管理电子邮件和社交媒体时也需要注意，如何归档电子邮件，会或多或少影响所花的时间。有些人使用一堆"已完成"的文件作为保存记录的方式，并将需要处理或查看的新邮件转移到"待处理"文件中，这样他们就可以清空收件箱。社交媒体也可以作为奖励管理。

3.3　与导师会面

许多大学会要求导师花一定的时间指导学生做研究。这些时间通常包括阅读草稿、回复电子邮件、线上交流或面谈。如果你有一个指导团队，这些时间可能会被分配给几位导师。因此，与导师会面的资源需要谨慎使用和精心规划。在第 7 章中，我们将探讨如何探索和理解导师与学生之间对彼此的期望，对期望的误解往往是关系破裂的根源。为了防止这种情况的发生并帮助研究人员制订计划，最好尝试编制一个见面时间表。需要强调的是，这个时间表并不是一件紧身衣，而是一个可以根据需要修改的计划表（只要双方给予合理的通知和解释）。此外，如果知道一年里能和导师面对面会谈的次数，以及作为团队中一员在组会与导师见面的频率，将有助于你向他们提出自己的期望。

如果你有固定的实验室或研究小组会议，这会变得既复杂又容易。研究小组会议有助于你了解整个项目、实验室程序和氛围，但你仍然需要了解有多少一对一的面谈可以帮助你完成个人论文。

每次和导师开完会后，最好做一些简短的笔记，然后发给导师，让他看看你对会议结论的理解。一些大学有在线保存记录的系统。记录的基本结构应包括以下简要说明。

- 讨论内容的大纲；
- 学生接下来要做什么；
- 导师接下来要做什么；

- 下次会议的日期。

3.4　妥善保存相关规范的基本信息

大学会有课程手册、实践手册和学生手册。在开始一项研究项目的忙乱中，很容易把这些东西弄丢。为这些信息做一个文件说明，以便在必要时查阅。对于周期较长的项目，你需要知道必须提交哪些正式的记录（通常是年度报告和更新报告）。你可能还想了解有关病假、产假/陪产假或休学方面的规定。有时，关于知识产权的信息或谁拥有你生成的数据，可能非常重要。

需要进一步思考的问题

甘特图中是否留出足够的时间通过伦理审查？

有多少时间讨论你的研究领域或获得数据样本？

谁是你数据的管理者？你如何让他们对你的研究保持积极的态度？你能发送简短的报告或更新内容给任何对你研究有帮助的人吗？

完成大任务和小任务后，你会给自己什么样的"奖励"？

与导师见面的大致时间表是怎样安排的？

本章中，我们已经讨论了许多在管理研究项目时很重要的组织问题。在第 4 章，将着眼于理解学科的主要任务，并且参与到本部门的工作中去。

第 4 章

揭示学术身份秘籍：融入团队

4.1　为什么融入团队很重要

融入团队给人一种归属感，这种归属感使你成为学科团体中的一员。在认识层面上，它是关于如何提出论点、使学科团队更具有吸引力的。它还涉及使团队的做法和价值观趋同。在社会关系层面，它涉及成为学科团队一员的感受，让你从受欢迎的旁观者转变为团队的一员，终将无所不能，成为他人的榜样。

在成为一个学科团队的成员时，你有意识或无意识地在接受一种新的身份，正如"想象的未来"是寻找适合你的职业的重要组成部分一样（见第 1 章）。所谓的学术身份非常重要，它能帮助你理解学科、部门或研究团队中成员的思考方式，以及他们最看重的要点。在研究过程中，理解和建立学术身份是很重要的一部分。

4.2　如何进行学科思维

2006 年，Murray 鼓励学生学习学科中不同的写作习惯；她建议学生探索论文的语言、论点的表达方式、研究者的成绩、论文结构的组织和写作风格的选择。卡内基博士项目（Carnegie Initiative on the Doctorate，CID）是 2001 年在美国启动的一个为期 5 年的项目。它试图解决的第一个问题是"设置博士学位的目的是什么"，探索的答案是"学科职责管理"。该项目想要绘制和建构一些知识领域，为此聚焦于 7 个不同的学科：科学、化学、教育、英语、历史、数学和神经科学。这些领域是经过慎重选择的，它们包含新旧学科，并以不同方式展示变化，如不同的基金资助模式、职业生涯的时间、退学率、论文的范围和结构（Golde 和 Walker，2006）。邀请学者在他们的领域内提出进行博士教育的最佳方式，以下是学者们贡献的一些例子。但对于任何想要真正研究自己学科文化的人来说，完整的文献阅读很有必要，也很有价值。

卡内基博士项目的工作隐含了对"学科"一词的广泛定义。例如，有些纯粹主义者认为：神经科学不能成为一门学科，只是一个研究领域。对这些人来说，学科更像是思维的方法和手段。在承认这一点的同时，为了写这本书，笔者将接受"学科"一词的广义定义。学科是一个研究领域，有自己的一系列的困难、问题、知识基础和研究方法。

即使在学科范围内，也会经常期望学者有自己的专业视角，并从中获得某些类型的知识。例如，哲学家可能会从存在主义或现象学的角度讨论本体论，而一个科学家可能是实证主义者或相对主义者。

在各个学科中，鼓励团队融合教育的方法都有相似之处。例如，博士生共同举办研讨会或一起讨论论文，邀请和组织校外专家举办研讨会，以及参加学术会议。鼓励学生与学者合作撰写论文，鼓励学生自己提交期刊论文，这两种实践有所区别，但在团队融合中都很重要。Potter 认为，需要鼓励学科团队帮助学生形成批判性思维，同时承认在教与学的学术研究中存在通用原则（Murray，2008）。

表 4.1 探讨了科学、英语、社会、教育、政治、历史和语言方面的一些不同传统。它着眼于各种类别：典型的文献综述方法、研究方法、如何识别研究问题和主要结构。这并不完整，主要是因为学科和思维过程总是在发展，但它在这里仅是作为提示，鼓励人们思考，提示在学科中你应该做什么。

表 4.1　探索学科中的一些传统：如何为你的学科添加内容

	科　学	英　语	社会、教育、政治	历　史	语　言
典型的文献综述方法	交互式的迭代审查过程。 1. 文献综述。 2. 选择一个主题。 3. 探索文献：识别主题。 4. 分析、讨论、整合文献。 5. 完成文献检索：实现文献融合。 6. 撰写文献评论。 7. 评估过程和产品	如何界定标准？为什么选择这些文献	1. 把你的论点放在文献里（这也是知识演示过程）。 2. 系统的回顾对你而言意味着什么？ 3. 你认为在你的领域有影响的文献有哪些？有哪些局限性？ 4. 这告诉了我们什么？没有解决什么？ 5. 你能对比两篇及多篇文章吗？ 6. ××是怎么发表、获得资助并成为有影响的作品的？ 7. 你怎么决定在文献综述中留下或者舍去哪些内容？如何判断留下哪些内容就够了？ 8. 指导和构成文献综述的研究问题是什么	研究对相关主题现存的文献有什么贡献？辅助资料有助于联系上下文解释案例研究，也提供突破自身研究的跳板。需要承认知识的缺陷，我们在更广泛的文献中指出前面研究的缺陷与不足	什么是文学评述的目的？例如，为语言学习者的研究、文化差异和教育学习提供动力

	科　学	英　语	社会、教育、政治	历　史	语　言
研究方法	必须解决的问题	改进或定义交叉领域的关键方法，思考如何表达语言中的关联关系	1. 寻找合理的论据而不是证明，以设法确立论据的平衡（可能是数量或可理解的语言表述，如权力）。 2. 有什么关于工作的支持和限制（警告）？未来你会如何处理它们？ 3. 你的立场是什么？你对批判的文化期望是什么？ 4. 谁的观点没有得到充分认可？不同的观点表达了什么？ 5. 你的工作具有哪些普遍性？ 6. 对你的研究领域有多少不同的学科视角？ 7. 这如何符合更大研究愿景——元分析	主要是按简单的时间顺序记录工作。理论框架可能会因强加到论据上的理论和歪曲的论据而被推翻。关于因果关系的推测很少，经济理性行为者的模型仍然根深蒂固。大多数人寻求个人或团体代理，但也承认结构性约束 比较分析法	必须确定、澄清和明确文化框架和期望
如何识别研究课题	情景反思，能合理判断并选择解决问题方式 逐渐参与到一些大团队的研究问题中，只有这样优秀的团队才能彰显批判精神与不断开拓的研究领域	如何界定批判性、历史性和文学性的界限（如何选择要考察的文本）	在此之前，确定研究问题需要花费较长时间。现在越来越多的研究团队将给定的主题作为研究的一部分。在认识论逻辑框架内确定你的方法论：结构主义、批判现实主义、女权主义、后殖民主义、种族批判理论等。 反思——考虑自己的主体性，以及你自己在创造性知识中的角色	经常采用新方法对待源信息，从中得到新的启发。这是实证研究，以加强或支持以前的解释吗？ 常常意识不到其他"声音"	阐明它们内在和外在的文化背景
主要结构	1. 研究问题 2. 文献综述 3. 找出差距 4. 假设 5. 研究方法 6. 数据分析 7. 讨论 8. 结论	如何形成合乎逻辑的文档和解释	你的根本论点是什么	通常按时间顺序研究，其变化涉及时间跨度	你的目录页看起来像什么

如果你想在不同的学科中探索实践，那么推荐参考附录 B 中卡内基博士项目选定的 7 个不同学科：科学、数学、化学、神经科学、教育学、历史学和英语（Golder 和 Walker，2006）。

4.3　成为所在学科的一员

框 4.1 列出了 10 种探索从所在学科圈外围进入核心的方法。

框 4.1　成为所在学科一员的 10 种方法

1. 阅读所在学科中重要学者的传记，在社交媒体上关注他们。

2. 让你的导师推荐最近几篇他们认为特别好的期刊文章，然后看看这些文章的作者是谁。

3. 创建或加入独自工作的学生团队或小组。

4. 支持部门里的其他人做一些与你不同的事情，例如，你从事理论代码搜寻方法工作，可以和从事应用程序工作的人一起工作。

5. 邀请专家演讲或组织研讨会。

6. 列一份你需要掌握的基本著作列表。

7. 作为一种学习形式，参与本科生或硕士生教学。

8. 向你所在学科的同行展示你的研究工作、论点或论文。

9. 向其他学科的同事展示你的研究工作、论点或论文。

10. 参与部门研讨会或例会。

4.4　撰写文献综述

融入某学科的一个重要方面是了解该学科的主要作者和论点。"我应该读多少书？我应该读什么书以及我应该如何分析它？"是学生提出的合理问题，甚至导师有时也难以回答这些问题。

在社交媒体上关注顶尖学者，让我们更容易联系到他们。如果在会议上遇到他们，会更容易和他们说上话——你已经有和他们谈论的共同话题。

当然，需要阅读多少内容，在一定程度上取决于学生正在进行的研究的水平和调查的领域。在本科阶段，所有学生的两个清单：必要的和理想的参考资料集。我们鼓励本科生找到至少一到两份属于自己的参考文献。

在硕士阶段，将更加注重让学生找到自己的阅读清单。虽然仍需要提供核心文献清单，但应尽早明确这只是个起点。Nygaard（2017）在其著作的第 4 章有一部分非常有用，名为"你的人生，就是你读过的书"。对于如何识别有用的搜索词，她给出一些建议（在这个阶段，她建议使用 Google Scholar），然后建议继续寻找合适的数据库，最后通过关键词和时间缩小搜索范围。她的建议是阅读 30～50 篇文章（Nygaard，2017）[55]。汇总参考文献的一种常见方式，是以日期、作者、标题、主题、研究问题、样本和主要发现的形式列出关键性内容（参见第 3 章）。

在博士阶段，"多少阅读才算够了?"这个问题变得更加复杂。通常，研究人员会在他们和导师都不太熟悉的领域徘徊，这可能引起很大的挫败感。当你的一部分工作进入未知世界时，还能期望导师提供什么? Nygaard（2017）[55]建议攻读博士学位阶段读 150 篇期刊文章，但这在很大程度上取决于所学学科。她更有用的建议是，正在阅读的内容没有添加到已经确定的核心论点时，要预测何时达到饱和点。另一个复杂的问题是你是否已阅读过"正确"的期刊文章和书籍：Boote（2006）进行了一个精妙的观察"对多所大学论文的引文质量进行的文献分析，表明来自不知名学校的博士生会使用质量较低且易于访问的参考文献"。这听起来像是要推翻 Google Scholar 的论点，但它也是尝试参加相关研讨会和会议的依据，在会上更容易明确最重要且经常被引用的作者和论点。

4.5　总结、分析和概念化文献综述

第 3 章列出了一张如何使用参考文献的表格（表 3.1）。其中"局限性"是一个重要的考虑因素，对于那些攻读博士学位的人尤为重要。在本科或硕士阶段，能以连贯的逻辑总结文献综述是一个不错的开始。

- 找到课程材料中描述的相关文献。
- 用搜索系统识别关键词。
- 阅读有关所选主题的最新书籍/文章，以确定主要作者。
- 阅读汇总表中的每篇文章。
  - 参考文献；
  - 研究类型（定性/定量/描述性等）；
  - 涵盖的关键问题/论点。
- 审查并重组表格，以确认相互之间的联系。
- 描绘关键联系。

在硕士阶段，可以遵循相同的步骤，在选择研究主题和评估最终文献时，鼓励研究人员采取更多控制措施。

- 选择主题。
- 查找有关研究方法的文献。
- 查找相关文献。
- 阅读最新书籍/文章，以确定主要作者和近期趋势。
- 阅读汇总表中的每篇文章。
  - 参考文献；
  - 研究问题；

- 样本；
- 研究发现；
- 文献的优势／劣势／差距。
- 在几乎没有新事物出现时明确饱和点。
- 审查并重组表格，以找出共同点和不同点。

在博士阶段，涉及的领域更广泛，不同的国家和项目会有不同的要求。正如第 1 章所述，不同类型的研究型博士需要掌握更多或更深的阅读清单。

在博士阶段，文献综述覆盖面更广，内容更深。要有能力确保所考虑文献的范围，批判性地进行考虑、综合和概念化。下面是这个阶段可能会出现的一些问题。

- 文献综述能使读者相信研究人员是否了解有关该主题的研究方法、发展史及当前思想变化？
- 学生考虑了哪些选择文献综述的策略？
- 研究人员能否将有关该主题的关键文献应用在更广泛的学科中？
- 确定了哪些协同作用，有倾向性的见解和差距？文献是为谁写的，是谁写的？
- 研究人员是否可以识别以前未考虑的问题或启发？

4.6　利用图形表达提升批判性分析与综合能力

在各个层面，以图解或图画方式表达想法都有帮助。维恩图、概念图、总结关键点的表格、总结和评估的图表都应该考虑在内。康奈尔方法（由康奈尔大学的 Walter Pauk 教授设计）是另一种做笔记的方法。

4.7　以国际学生身份进入大学

"文化"可以有多种定义，笔者是从人类学意义上界定的：文化指习惯、血缘、语言、社会习俗和世界观。因此，"培养"意味着首先要了解新文化，然后才是对新文化的归属感。除了通过参加学术团体获得智力资本外，移居新国家攻读研究生的学生还可以获得文化资本。

多数情况下，大学依赖国际学生赚取收入，其总收入中很大一部分来自国际学生的学费。知识的进步也要求我们进行全球合作，或者说是让认知偏差和保护主义最小化。

每个国家都需要国际学生，如果我们的目标是培养具有全球竞争力的研究生，国际学生就是必不可少的资源。由一个国家的学者指导来自另一个国家的学生的情况并不少见，他们都在第三国工作，在工作中既不会说也不会写对方的母语。

对国际学生的研究表明，他们要习惯学习环境的巨大差异——有些人从未参加过研讨会和接受个人辅导，有些人不了解"论文"的要求，而有些人则习惯于学习和强化记忆课文内容而不是小组讨论（Biggs 和 Tang，2007；Kember，2000；Okorocha，2007）。正如 Wisker（2012）所指出的，国际学生在接受西方大学教育以前可能没有参与过研究，因此最好尽早让他们学习研究和计算技能，并在需要时为他们提供帮助。做好"共同研究"的态度是为了发展强大的跨文化伙伴关系，沃里克应用语言学中心（Centre of Applied Linguistics at Warwick）对此进行了进一步探索（Spencer Oatey 和 Stadler，2009）。

假设国际学生不熟悉陌生的教学实践。例如，如果你之前的教育经历是"接受指示"，只能点头同意老师的观点，你该如何应对西方的批判性参与以及与导师辩论呢？

另一个难题是学习批判性思维的技巧、提出论点、预测复杂的问题，并将它们连贯地写在纸上。有趣的是，当导师教他一字一段地进行论证时，这位学生发现这很有帮助（Nagata in Ryan 和 Zuber-Skerritt，1999）。

那么，国际学生如何应对在国外成为研究型学生的挑战？Wisker、Robinson、Trafford、Lilly 和 Warnes（2003b）建议他们可以求助于过去"安全"的极其谨慎的情境化和学习行为，因为他们发现很难充分参与解决问题、反思和深入研究。

对于国际学生来说，去语言中心花几个小时补习远远不够。培养的过程需要多年的一对一接触、开放的思想和胸怀，而作为一名学生，进行研究可以提供理想的环境来实现这一目标。如果国际学生被迫仅从一个角度研究主题，他们有理由抱怨，而这需要了解不同的观点才可能了解和拓宽研究项目。在英国，如果学生既在寻找学习动力，又在研究一些传统的西方理论，那么可能需要参考其他意见。

4.7.1 国际学生从事研究的跨文化问题是什么

迄今为止，来自研究的主要差异是交流（如何描述事物、是否理解讨论议题、用要求的语言进行学术写作的熟练程度、如何表达或接受强烈的批评）。关于共享知识的智慧也有不同的理念——有些始终以协作的方式工作，有些则认为竞争能创造重要的动力。可以通过多种方式建立信任关系（参见第 7 章），但是有些人认为这种关系是以牢固的伙伴关系为基础的，有些人则更倾向这是一种交易（如果我们同意某个想法，你也同意，我会增加对你的信任）。围绕教育工作实践、时间管理、环境熟悉度等存在的问题，需要支持人脉和职业规划。

4.7.2 发现规律与联系

本章中，这些元素有两种含义，但是在某些情况下，这种一分为二的情形不是绝对或正确的，因此鼓励读者使用这些选择作为讨论的起点，而不是将它们当成必然的。

4.7.3 讨论差异

使用表 4.2 作为提示，你可以与联合导师讨论不同背景的新研究人员提出的问题、经验和期望。还有许多其他变量可以考虑，可以修改这些变量，然后添加到你自己的表中。

表 4.2　探索文化差异

沟通			
期望的低语境（精确、简单、清晰）的沟通意见			期望的高语境（复杂、微妙、有层次、隐晦）的沟通
理解的容易度			
学生和导师都能轻松理解对方在说什么			学生和导师很难理解单词、短语和口音
书写轻松度			
学生能用要求的语言流利书写			学生必须掌握用所要求的语言写期刊文章/论文
批评反馈类型偏好			
偏好直接负面反馈（坦率）			偏好间接负面反馈（外交式辞令，使用委婉、修饰性的词语）
分享/创造知识			
协作的			竞争的
上下级不同的期望			
协商一致的、平等的、民主的（拟定协议书）			自上而下的、分层的（单方面决定）
信任			
完成约定的任务			长期良好的人际关系
环境的熟悉度			
熟悉周围的工作任务、各种人、食品和交通等			不熟练周围的任务、人、食品和交通等
时间管理			
线性时间（截止时间很重要而且绝对要保证）			灵活的时间（截止日期是期望的时间）
是否有可用的支持性人脉			
有大量的家庭/社会人脉支持			很少或者没有家庭/社会人脉
支持性人脉的重要性			
成为社会群体的一员将显著增强研究经验			应聘者喜欢自己或者与少数同事一起工作

续表

职业规划				
对职业选择的自主权				已经确定职业预期或将其作为研究的一部分
伦理规范				
伦理审查程序由部门/程序决定				要做出合乎伦理的决定，通常需要强烈质疑

4.7.4　关于识别意图的说明

　　理解所使用词语背后的意图的重要性见表4.3。同样的词语含义却大相径庭，这取决于演讲者所持的价值观。如果演讲者倾向于竞争，他们会试图隐瞒信息，直到他们认为实现了最大价值。如果他们倾向于协作，他们就会冒着让自己受伤害的风险公开分享信息，因为他们相信这会使他们获得信任，工作质量更高。

表 4.3　识别词语背后意图的重要性

	竞　　争	协　　作
我想和你分享这个	我会告诉你最不重要的部分，以便评估你对我的工作造成什么风险	我想让你看看这个，告诉我你的真实想法，我希望我们能一起做得更好
我们可以商定一个时间表吗	在我能看到所能得到的比我投入的更多之前，我什么都不会做	让我们分享彼此面对的优势和劣势，看看如何才能相互支持

进一步思考的问题

　　学科的关键论点是什么？主要作者是谁？

　　谁是你的数据的检测人？如何让他们对你的研究保持积极的态度？你能向任何给予你帮助的人发送简短的报告或更新内容吗？

　　你有什么机会参加研讨、会议和期刊俱乐部？

　　你如何使其他学生和学者就文化的差异性与相似性展开探索性讨论？

　　本章探讨了进入所属学科和学科社团的重要性，以及如何撰写文献综述来支持这一观点。我们已经研究了各学科的不同思考方式。最后我们提出部分国际学生在不同文化环境中工作时面临的一些问题。第5章将进一步探讨批判性思维。

第 5 章

学者式思考：批判性思维

5.1 批判性思维方法简介

"批判性思维"一词指的是理解、批判和提出创新性论点的能力，用于描述学生解决问题的智力、思辨和分析方法，这些方法是学生需要学会使用的。

批判性思维方法包含以下要素。

- 理解对知识的不同看法，能够评估与这些看法有关的论述；
- 以适合相关学科的方式定义和评估论点；
- 以合乎逻辑的方式解决问题；
- 反映对表现的元认知。

5.2 对知识的不同理解

知识是什么样的？知识是如何出现的？这是需要考虑的与批判性思维相关的基本问题——知识在不同学科的产生或出现有何不同？图 5.1 显示学科间有较多的重叠，以至于没有特定的学科模式。数学不是 Donald 研究的学科之一，因为数学家在人为的规定和模式下工作，所以一些人认为他们对知识的理解不同。与科学、艺术或社会科学公式不同，一旦一个数学公式被证明，一般不会遭到反驳。一些数学家认为，在其巅峰或边缘，数学成为一种艺术形式，因此也可以主观欣赏。许多学生纠结于固有思维和创造思维的概念，然而在博士阶段，一位导师观察到"大多数学生确实从固有思维跳跃到了创造思维"。

对知识的认识是理解批判性思维的重要部分。知识可以用几种方法检验，包括将其视为一个社会性建构过程或归纳/演绎过程（Biggs 和 Tang，2007）。命题知识和实践知识在传统教育形式中更容易识别，它们可以与其他两种形式的知识相结合——经验知识和想象知识（Gregory，2006），或者像 Biglan（1973a，1973b）最初所做的那样，分为硬知识、软知识、理论知识和应用知识。

为了解知识的出现是否有不同的方式，有学者对采访学术研究人员的结果进行了分析。他们认为知识具有如下属性。

- 亲身经历、有风险、令人激动的和可以转化的；
- 应用时具有实用性；
- 受过程约束；
- 具有争议性、争论性和临时性；
- 新颖性；
- 具有流动性、成长性且不受限；
- 通过对话建构；
- 绝对性和可验证性；
- 在不同语境，如不同的文化中有不同内涵；
- 创造性；
- 艺术和科学有不同的衡量标准；
- 暗藏的、不言而喻的且难以分类。

这些评论汇总成如图 5.1 所示的示意图，来自不同学科的学术研究人员对知识如何出现在学科中进行了回答。从围绕该示意图展开的积极讨论来看，进一步的研究似乎很有趣。

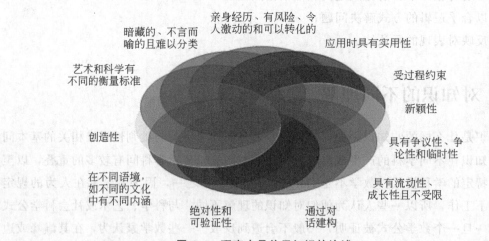

图 5.1 研究人员关于知识的论述

如果留意讨论中概念背后出现的观点，会发现如下几个关键信息。

- 知识是暂时的还是绝对的（例如，"建构主义"假设我们创造自己的知识，"原子主义"假设知识由相互联系的单元组成）。
- 知识是可以创造和建构的。
- 有些过程限制了知识的出现。

- 知识有时是隐藏的，可能有风险性，可以通过个人转化。
- 知识在不同的语境和文化中是有差异的。

Jonson（2001）认为，超过 40 项研究表明，建设性的调查将会比寻求达成一致的辩论取得更高、更长久的成就。他们推荐的步骤（你的导师也可能会指导你进行）是：

（1）就某一问题提出立场；

（2）受到挑战并且对自己的观点变得不确定（认知好奇心）；

（3）积极寻找更多的信息，并将自己的知识重新概念化，以解决不确定性的问题；

（4）得出一个修正过的新结论。

5.3 确定论点

在第 4 章中，我们研究了几个不同学科中的一些传统论点。然而，随着学科的发展，一个学生掌握一种学科思维方式已经不够了。Golde 和 Walker（2006）认为进行神经科学博士研究的学生可能需要生物学、心理学、化学或药理学背景（p207），甚至也需要社会学方面的知识。环境科学是交叉学科的另一个例子，它需要工程学、化学、管理学和心理学的知识。有些音乐技术课程现在要求具有较高的物理和计算机科学水平，这些被认为和音乐背景一样重要。附录 C 列出了与研究方法相关的不同术语。这是一个很有用的列表，用来检查你是否在跨学科的团队中工作，并试图理解人们所采用的不同研究方法或分析工具，或者他们为什么以不同的方式争论。

在概述论文的早期阶段，Murray（2006）建议学生做一个（相对）简单的练习来组织论点。她建议学生用 25～50 个单词来完成以下陈述。

（1）我研究的问题是……

（2）研究这一课题的研究人员是……

（3）他们认为……

    a. 认为……

    b. 认为……

（4）辩论的中心是……

（5）还要做的工作是……

（6）我的研究最接近 X……

（7）我的贡献是……

（Murray，2006，改编）

传统上，批判性思维被认为是博士培养的核心。Browne 和 Freeman（2000）给出了以下定义。

批判性思维有多种形式，但都有一个核心特征。笔者认为，论点如果要得到普遍的重视，就需要辩论。因此，批判性思维侧重于一套技能和态度，使听众或读者能够将理性标准应用于演讲者和作者的推理。

（Browne 和 Freeman，2000，p301）

Stevenson 和 Brand（2006）指出，批判性思维在很大程度上是一种西方的、世俗主义的知识传统，当我们将其应用于不同文化或某些学科时，我们需要关注批判性思维。批判性思维是西方哲学传统，它鼓励分析，寻找支持和反对的命题和论点。决定这种方式的根源是辩证性和可对话性。

在实践中，它解决了诸如"基础概念框架是什么？""赞成和反对的理由是什么？""考虑了什么，遗漏了什么？"等问题。Wisker（2012）认为，练习使用口头辩论的元语言功能是一种非常有用的考查因素，因为它可以帮助学生缩小知识、界限和研究方法上的差距。

5.4   思辨能力

5.5 节将采用 3 种不同的方法检验我们自己的研究发现。改编自 Donald 的第一个带编号的问题列表可以作为一个菜单来从中选择，以标识你在各个水平的学习中最重要的方面。第二种方法是概念图，第三种方法涉及更多的哲学问题，这些方法对大多数博士水平的人来说很重要。

5.4.1   为培养思辨能力而提出的关键问题

Donald（2002）详细研究了几个不同学科（物理、工程、化学、生物科学、心理学、法律、教育和英国文学）的思维，并确定了应用于每一学科的批判性思维的 6 个关键组成部分。表 5.1 对关键组成部分进行了概括，并举例说明了学术界可能进行调查的内容。Donald（2002）为她所研究的每一个学科给出了更多的示例。

没有任何学生会在一项研究中使用所有这些思维过程和行为，但是表 5.1 中全都列出了，你可以检查自己是否有意识地忽略了对你来说重要的元素。

表 5.1   学者为培养研究生的批判性思维能力而可能提出的问题

思维过程和行为		学者可能会问的典型问题
描述		描述你认为我们在看什么
	识别上下文	发生这种情况的环境是什么
	陈述条件	这种情境下哪些要素是发生这种情况的基本先决条件
	陈述事实	这里可以普遍接受的信息是什么
	陈述基本情况	这里通常会发生什么
	陈述研究假设	接受了什么样的假设或主张？你的意思是什么？你提出这个意见的理由是什么？但在另一种情况下，这句话是真的吗
	陈述研究目标	你的目的是什么？你的目标是什么？

续表

思维过程和行为		学者可能会问的典型问题
		你看过的其他选择是什么？为什么这个选择优于其他的选择
选择	选择相关信息	哪些信息与这一问题尤为相关
	按重要性对信息排序	你如何确定它的优先级
	识别关键元素	该信息的重要组成单位或部分是什么
	识别关键关系	哪些联系最重要
		哪些符号与此相关
陈述呈现	认识组织原则	有什么原理或规则涵盖这部分内容
	组织要素与关系	这个领域的概念图是什么样子的
	阐述要素与关系	描述概念之间联系的字词或符号是什么
	修正要素与关系	什么关联或概念可以改变，以及如何改变
		如果 x 是真的，它意味着什么？你能从你的发现中得出什么结论
推理	发现要素之间的新关系	描述以前未曾见过的概念或要素之间的关联
	发现关系之间的新关系	描述这些关联之间的服务
	发现等价关系	跟别的一样吗
	分类	它属于什么分类
	顺序	在序列中的什么位置
	变换视角	如果从另一个角度来看，会是什么
	假设	这个分析能帮助你形成命题吗
综合	将部分有机结合成整体	你能看到一个完整的模式出现吗
	精心描述	更详细地描述这种模式
	有缺失环节	差距在哪里？他们没有解释什么吗
	开发行动课程	我们如何证明、扩展或阐述这一现象
		我们如何检验这一发现的有效性？你能举出什么例子？你能提供什么证据
查证	比较不同结果	在不同的环境、不同的时间，是否有一致性
	比较结果与标准	这个结果与预期相符吗
	判断有效性	这些结果的可靠性是什么？能通过多少方式证明它是错误的？如果我们使用不同的实验方法，会得到同样的结果吗
	使用反馈	我们得到了什么反馈？该如何适应
	确定结果	需要采用什么样的二次测试或三次测试策略？这些发现是可重复的吗

资料来源：改编自 Donald（2002，pp26-27）。

5.4.2   使用概念图探索数据之间的关联

当我们试图弄清楚事物是如何联系在一起时，可以使用图表。图 5.1 和图 1.2～图 1.4 所示的维恩图是不同类型的博士研究项目的图解说明。概念图有助于将不同的关键想法联系在一起，并说明影响和排序。

图 5.2 是一张概念图，旨在探索硕士阶段的有效教学。

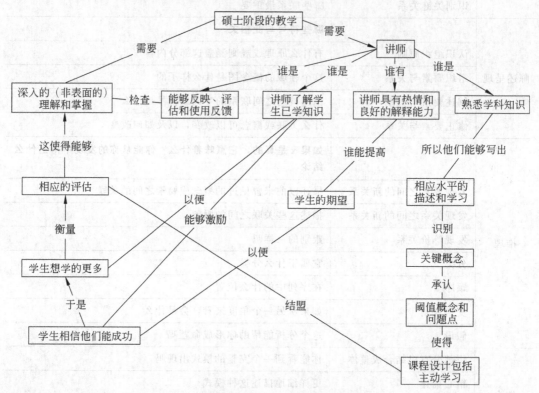

图 5.2   概念图示例：硕士层级的有效教学

5.5   用系统研究方法回答难题

系统研究方法与单个研究方法有重要区别。做研究的学生可能使用相同的方法，但操作的方法论（或范式）有很大不同。例如，访谈可以作为人类学家、现象学家、批判现实主义者和心理学家的一种研究方法，而且由于每个人的哲学背景不同，会得出不同的结论。

理解方法论的视角是博士级的要求，对方法论的理解将使你能回答以下问题。

- 如何选择样本或检查的文本？你是如何装订档案的？如何选择一个标准？

- X 是如何出版、如何得到资助并变得有影响力的？
- 这是经过充分论证的论点吗？
- 如何概括你的研究工作？
- 如何将你的方法论方法置于认识论的逻辑框架内？

如果你想进一步探索不同的方法，Quinn Patton（1990）提出了一些有用的定义。

理解和阐明你采用的方法论的观点和立场，使你识别哪些是无意中接受的假设。当很容易生成大量数据时，这一点尤为重要，但是，质疑数据来源和隐含关系是至关重要的，这层暗含内容并非轻易能找到。

5.6　集中所有思想

一些研究人员发现，在墙上放一块白板或一大张纸，当有新思路或整理想法时，可以写下收集整理的关键信息。便利贴就是一个例子，因为它们是临时性的，可以随着你想法的发展而轻松重写和完善。这个过程可以让写作变得容易得多。这种方法包括以下标题种类。

- 关注的领域/问题：在这部分收集描述有关感兴趣的领域的想法。
- 假设/范式/哲学立场：找出你未涉及的问题，以及你的方法论立场。
- 提出的伦理问题：这是一个重要的部分，用于收集有关研究程序和更广泛问题的意见。
- 领域的文献/参考资料/主要贡献者：总结文献搜索结果，包括总结你在现有文献中发现的任何不足。
- 假设/研究问题：有时在实验科学中从一开始就清楚阐明的问题，却出现在其他学科中。
- 样本/上下文：目的，随机性等问题。
- 研究方法：涉及的研究方法，以及所选择的和所放弃的研究方法。
- 理论/结果：在这一部分，将越来越接近一些结论。
- 影响/利益相关方/把关者：确定这项研究为什么这么重要，读者是谁，以及有待进一步解决的问题。这些问题都可以在画布、白板或备用墙上标记，并用作整理想法的地方（如图 5.3 所示）。

如果你有机会在一个合作论坛上以"进行中的工作"的形式展示这些，也许你可以和其他学生一起，利用数字软件收集小组成员的想法。Padlet 是一个非常实用的工具（目前是免费的）：https://en-gb.padlet.com/。

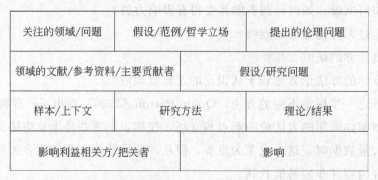

关注的领域/问题	假设/范例/哲学立场	提出的伦理问题
领域的文献/参考资料/主要贡献者	假设/研究问题	
样本/上下文	研究方法	理论/结果
影响利益相关方/把关者	影响	

图 5.3　布告板设计示例：将所有事项收集到一起（在 Research Design Canvas 中修改和改编，原始文件可从 www. academic-toolkit. com/researchdesigncanvas 获得）

5.7　以合乎逻辑的方式解决问题——应用型研究项目

解决问题是批判性思维的一部分，但它也包含行动要素，因此对应用型项目很重要。在技能方面可以和项目规划挂钩，需要一些批判性思维技能、规划技能和人员管理技能。

Swartz 和 Perkins（1990）描述了一个典型的问题解决程序，在这里对其进行了修改，以包括 Coverdale（Taylor，1979；见图 5.3）建议的实施要素。有 3 个关键阶段：描述、调查和实施。描述阶段可以采用与 Donald 介绍的内容类似的批判性思维技能，但 Swartz 和 Perkins 特别增加了对在不确定环境中研究工作的评估。这导致需要对最终确定的每个选项进行风险评估（这是辩证思维的一部分）。

这个解决问题的程序也引入了关键值的概念。伦理问题在第 3 章简短讨论过，但很明显，考虑批判性思维时，伦理问题不能也不应该被排除在外。

调查阶段应提供执行阶段所需要的大量信息。例如，如果必要的资源在最后阶段突然出现，就意味着调查没有全部完成。

对于规划和实施阶段，有各种可用的项目规划工具（参见第 3 章）。图 5.4 总结了应用于项目规划的职责管理与批判性思维方法之间的联系。各个层次的学生都可以用这种简单的分阶段方法设计研究项目。

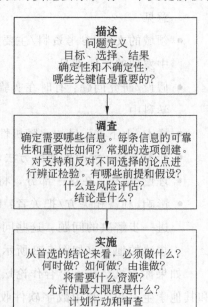

图 5.4　问题解决程序

5.8　对研究行为进行元认知反思

元认知指的是观察、反思和指导思考。问题是："我们如何做到这一点？"高水平的反思能力不只是对从事社会科学研究的研究者的要求。来自严谨的纯理论学科群体的研究人员也谈到如何让学生从错误中吸取教训，以及从长远看，能坦诚接受失败可以使他们成为更好的科学家。第 6 章会进一步讨论如何处理这种情况。

反思的定义

John Dewey（1933）使用术语"反思性思维"来描述人们在面对争议或质疑时所采用的思维过程。对于这些问题，他们目前的理解或解决方案，无论出于什么原因，都不再令人满意。根据 Dewey 的观点，"反思性判断"是良好思维的最终目标：是结束问题的判断或解决方案（暂时性的）。

Boud，Keogh 和 Walker（1985，p19）提供的反思性学习的定义指出，反思是指为学习者提供智力和情感活动，以探索他们自己的体验，"从而产生新的理解和评价"。

元认知反思有助于回答关于研究的 3 个重要问题：

- 主观性对研究有什么影响？
- 支持的文化框架是什么？
- 随着研究进展，这种情况发生了怎样的变化？

Moon（2000）提出，反思是学习的辅助手段，这种观点在很大程度上借鉴和评价了 Schon（1991）和 Brookfield（1995）的工作。Schon 将反思的实践者视为对发现保持开放态度，并通过回顾和反思自己的行为来寻求新发现的人。也正如 Moon 指出的那样，Schon 对行动中反思和行动后反思之间的区分可能并不清晰，在他的原著中讨论了行动中反思对艺术家是否具有可行性，或者解构主义行为是否破坏了艺术形式。

Brookfield（1995）强烈主张反思，他要求教师"建立自我评价的要素，无论教师是否知道学生的进步，学生都可以有展示自己正在学习的渠道"。

越来越多的人相信，巩固 Kolb 所描述的经验学习周期中关于反思的部分有助于学生学习。最初的学习周期有 4 个不同的阶段：①学习是在行动和体验中发生的；②有意识的经历有助于个人学习；③重构的行为会重新建构他们对正在发生的事情的理解；④理论的推广和创造（Cowan，2008）。

用流程图表示另一种动态反思模型，变成一个闭环（如图 5.5 所示）。

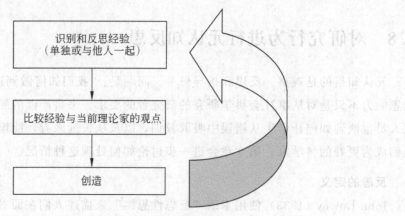

图 5.5　反思模型

5.9　与其他研究人员讨论研究工作的重要性

通过参与同行讨论并将其与学术文献联系起来，可以指导我们的研究过程。这提供了支持批判性反思的其他观点。

这种反思模式的概念基础植根于建构主义，这是一种学习理论，也是研究的基础。它认为你不能简单地告诉他人你对某个领域的理解——我们必须积极地参与进来，建立自己的理解。此外，社会建构主义认为，在建立复杂理解的过程中，同伴协作可以发挥重要作用，促进反思性发展。这与 Schon（1991）的反思实践者以及两种专业反思——行动后反思和行动中反思相联系："专业人士针对实际情况进行反思性对话，不断地建构和重构正在解决的问题，检验他们的理解和解决方案"（Calderhead 和 Gates，1993，p1）。

当 Cowan 进一步扩展 Schon 对行动后反思和行动中反思之间的区别时，将 Kolbian 模型又向前推进了一步。他认为，行动前也需要反思，在每个阶段之间也需要不同的反思。

众所周知，这种在行动后、行动中和行动前三方面的反思模式可以帮助我们识别三组问题，这些问题包括以下不同类型的反思（如图 5.6 所示）。

Moon 提醒我们，反思的能力取决于成熟程度（从而将全人模式引入这种非个性化方法）。她举例说明了学生的工作，并赞同这些工作：

- 展示内部对话和自我质疑的证据。
- 考虑他人的观点和动机，并将其与自己的观点和动机对照。
- 认识到先前的经验、想法（包括自己的和他人的）如何与自己的行为相互作用。
- 清晰说明避开该事件的证据。
- 通过将反思过程从要学习的内容中分离出来，展示其对学生学习的帮助（例如通过星号系统）。

- 认识到个人参考框架可以根据写作的情绪状态、新信息的获取、观点的回顾及时间效应而改变。

（Moon，2004，p209）

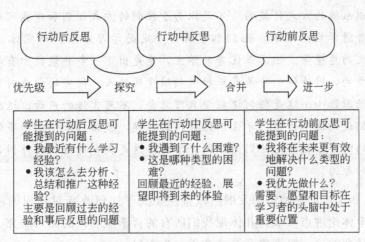

图 5.6　行动后、行动中、行动前反思的问题

资料来源：After Cowan，2008，p53

　　学生对指导的需求与独立思考的能力之间，需要寻求平衡。给予他们多少帮助肯定受到学习水平、之前的经验及课程目标的影响。

　　成为一名反思型专家，就是要在日常生活中去实践一些这样的过程。Moon 还建议写反思日记，作为记录事件的一种方式，并把注意力集中在自己的专业发展上。专业的持续发展要求不断的反思和对专业成长的记录。一些掌握了定性研究技术的学生已经在持续记反思日记了，他们要在最终答辩的论文中提供相关证据。框 5.1 总结了一系列可以通过写研究日记解决的问题。这有助于进行元认知技能的开发。

框 5.1　帮助开发元认知技能

你写研究日记是为了：

- 展示内部对话和自我质疑的记录，特别是质疑现在为什么要做这项研究。
- 寻求了解他人的观点和动机，并将其与自己的观点和动机对照。
- 认识到先前的经验（包括你的经验和他人的经验）如何影响研究。
- 证明你可以避开这件事。
- 标出学习要点，然后检查你是如何学习到的。

　　要认识到个人参考框架会根据作者的情绪状态、新信息的获取、观点的回顾和反馈的效果而改变。

　　本章最后引用导师的两段话，证明了批判性思维对研究生工作的重要性：

优秀的学生会有很多想法进而实践，而普通学生常常需要督促他们去努力，帮助他们解决问题……研究生院主导的教育基本是如何解决问题，如何找到研究方法、理论工具，以及如何提出问题和解决问题，或者以令人信服的方式解决问题。我们教给他们的就是如何做事、如何回答问题。

我们真正以系统的方式传授的，不是以易于控制的方式识别和建构问题。这恰恰就是优秀学生和普通学生的区别。他们都掌握了一定的学习方法、研究方法、技巧及文献，还有写论文的愿望等。但真正优秀的学生，能走出下一步并能提出有趣的问题。这些才是真正需要的，因为他们才是真正推进领域发展的人。优秀的学生对自己研究领域所涉及的问题很敏锐……这是任何课程中只可意会，不可言传的东西。这就像在我的研讨会上和学生们谈论这个话题。学生们这样做的时候，我必须给他们更多的肯定，当他们迈出那一步的时候，就注定他们是不同寻常的，这是我支持他们的原因，也是我站起来为他们鼓掌的原因。

由 Perry（1970）首先确定的发展阶段催生了关于如何改变对知识的理解（认识论发展）和接受本体论观点（成为并体现我们所有的哲学立场）的深入研究。批判性思维如何导致自我转变的这一要素将在第 6 章进一步探讨。

进一步思考的问题

知识是如何在我的项目中出现的？

我的知识是如何形成的？

通过数据我应该提出哪些问题？

本章探讨了批判性思维的一系列方法，既有纯分析的视角，也有反思和元认知等视角，这些方法有助于提高个人意识。如果试图干涉批判性思维或自我革新方法，这些方面可能纠缠不清。分界线在于干涉内容属于个人成长和自主能力的范围，还只是认知能力单纯发展的内容。第 6 章将更详细地思考和探索自我革新的干预方面的内容。

第 6 章

找准定位——实现自我革新

6.1 自我革新法：引言

对于重视这种研究方法的学生来说，找到自己的方向很重要。他们想要获得的是帮助和挑战，而不是关于如何做项目的方向指导（这一水平上的方向来自融入团队的方法）。尽管每个人却不愿失败，但我们需要从失败中学习成长。我们可以将失败看成学习经验的机会。

我们想象一下，如果导师的工作强调团队合作，而学生想要自由和革新，就可能会发生冲突。反之亦然——导师希望学生自己做决定，成为独立的研究者，而学生对此没有准备，希望得到更多的指导，把研究做得更好，这同样会产生冲突。

6.2 通过探索式学习创造自我革新的环境

在本科阶段，探索式学习（Enquiry-Based Learning，EBL）是研究的第一步。导师由最初的指导者逐渐变成合作者。这整个方法旨在鼓励你积极参与设计问题，研究和建构知识。这个学习过程包括但不限于运用研究和学习的技能等。理想情况下，探索式学习是整体性的，能够带来创新。它与填鸭式的教学方法有很大区别，因此需要不同的研究成果和评估策略；通常让整组学生共同参与评估标准的设计会很有用。该方法通常用于处理跨学科/多学科知识建构的问题（包括解决理论-实践的差距）、伦理维度以及人与技术工作的关系。

虽然探索式学习并不是新的教学方法，但是最近在大学中重新受到重视。其目的是发展通用的探索技能，以应对复杂问题。探索式学习已成为学术实践中公认的学习方式。在英国，政府投入 450 万英镑资助曼彻斯特大学（Manchester University）新的卓越教学中心（Centre for Excellence in Teaching and Learning，CETL）以及其他几个拥有类似研究主题的卓越教学中心（CETL）。

Tosey 在萨里大学带领团队研究了一个探索式学习项目。该项目调查了那些正在使用探索式学习方法的实际工作方式。他认为探索式学习有 5 个关键维度。其中一个维度涉及用脑、用心、动手。他的定义是这样的：

探索式学习是一种对学习者有重要影响的学习过程，或者说是影响其对学习目标、范围或主题的选择。该学习过程充分利用了研究技能和学习技能，但探索式不能只简化为研究或学习。

（Tosey 和 McDonnell，2006，p2）

Hutchings（2007）已经描述了传统教师和聚焦探索式学习的导师之间的差异。他认为，传统教师提供材料，设定边界，并以教师为中心进行教学。相比之下，探索式学习的导师将通过建立目标学习成果和激励机制来促进学生学习，同时学生将集体检查问题，决定需要进一步研究的领域，实施研究，整理信息，并重新检查学习过程。

对于博士生来说，所有操作都在更为先进的水平完成，然后再向前推进。导师希望从引导者转变为促进者，再到合作者，然后向研究者学习（因为博士生将会创造新的知识）。

促进者（facilitator）这个词的词根来自拉丁语 facilis，意思是"能做的"。就是一件能够完成的事情。因此，促进者的作用是为高效完成任务创造条件。它与定义、限制或关闭的意思相反（Gregory，2006）。

探索式学习是设计一系列主动学习活动的一种方法，但它与基于问题的学习相比，缺乏指导性。在基于问题的学习中，学生致力于解决教师预先给定的问题。图 6.1 描述了不同类型的主动学习。

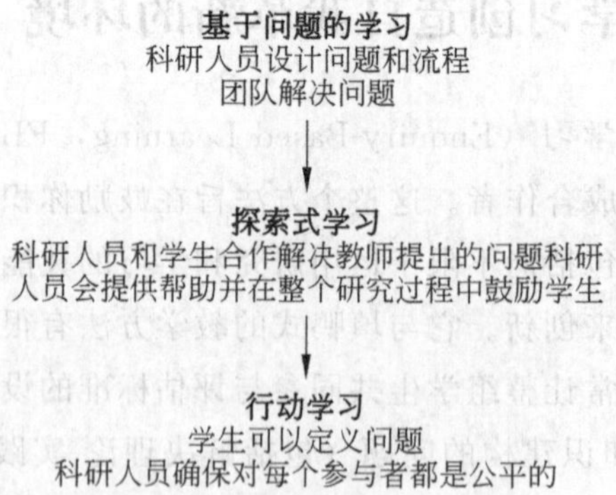

基于问题的学习
科研人员设计问题和流程
团队解决问题

↓

探索式学习
科研人员和学生合作解决教师提出的问题科研
人员会提供帮助并在整个研究过程中鼓励学生

↓

行动学习
学生可以定义问题
科研人员确保对每个参与者都是公平的

图 6.1　主动学习的不同方法

这 3 个术语——基于问题的学习（问题式）、基于探究的学习（探索式学习）和行动学习——被广泛使用，且经常混淆。我们值得花点时间分清它们，以便清楚地理解导师在不同情况下对你的期望（记住，它们的定义略有不同）。这 3 个术语属于同一家族，都让学生主动参与学习。但是它们在导师对学习进程的控制程度方面是不同的。从这一点来说，我认为基于问题的学习和行动学习是截然相反的。

在基于问题的学习中，导师将为学生设置问题。例如，要求学生"修补烤面包机，并在尽可能的情况下改进机器的性能"，而不是以灌输的方式告诉学生："今天我们将学习金属的导电性。"真正基于问题的学习鼓励探究性研究。它会鼓励学生运用各种解释语境发展自己的判断力，并鼓励学生积极地、创造性地参与提升其潜能的项目（Hutchings，2007）。

在行动学习中，参与者有设定问题的权利。Beaty 将行动学习描述为："一个不断学习和反思的过程，并能够得到同事的帮助，目的是把事情做好。通过行动学习，个人在解决实际问题和反思自己的经历中相互学习和借鉴。"导师"控制"行动学习小组的常见方法是确保每个参与者都有时间来讲述他们的研究心得（Weinstein，1999，p157）。

探索式学习使学习者从创造知识的人变成了分享知识的人。如图 6.2 所示，实际上在融入团队（文化适应）和自我革新之间有重叠和模糊的部分。为了便于分析，将它们作为不同的方法。

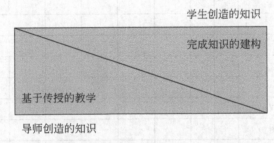

图 6.2　基于传授/灌输的教学与促进知识的建构之间的重叠

学生需要探讨的问题是：我的导师准备组织什么类型的学习，我怎样才能从这种情境中得到最好的结果。

6.3　找到支持性环境

Habermas 认为，自我革新知识意味着必须明确社会约束机制，并且需要支持性环境。他提出："人类对理性自主和自由的基本兴趣在于对知识和物质条件的需求，在这种情况下会发生密切的交流和互动。"（Carr 和 Kemmis，1986，pp35-136）

正如在第 4 章中看到的那样，支持性环境可以有许多来源。表 6.1 提供了这样的工具，你可以填写也可以修改。如果要对研究负责，就需要确定各种支持和建议的来源，尤其是博士阶段的。

表 6.1 赋予博士生做研究的权力：你需要知道什么？能到何处？

	导师 1	导师 2	研究生院管理员	博士后	同行/学长	研究生院	专家图书管理员	IT/Web/手册	学生支持服务/医疗	家人/朋友	其他
	建议使用这些标题促进你的创造										
介绍——找到你的方向，关注主要特征											
参加关键部门的会议											
理解工作期望的标准											
管理正式文书工作和程序											
阐明研究的问题											
文献阅读											
创立智囊团											
调解											
技术支持											
访问数据											
实验性设计											
参加研讨会/会议											
分析结果											
讨论部门著作权和合著权政策											
创建一个支持的同龄小组											
书面工作反馈											
创建网络											
工作机会/职业建议											
口头测验（Viva）准备，组织模拟口头测验											
情绪化支持											
上诉程序											
友谊											
资金建议											
住房建议											
健康和营养											

6.4 与自我革新导师一起工作

具有自我革新意识的导师将会充当非强制型（非命令型）的角色，为学生提供挑战和支持，只在学生个人成长的整体方向上指导学生。这里的自我革新有一个非常不同的培养目标——通常，在自我革新框架下，研究人员可能会让他们的学生不要只关注本学科内的职业。

具有自我革新意识的导师并不是说会在学生的研究过程中缺席。过去，在某些文化环境和某些大学中，导师的这种非强制性的管理是一种常见的监管形式，但在今天，这种监管方式不能令人满意。第 7 章将讲到多久见一次导师以及你需要什么样的反馈。

6.5　明确个人发展计划

我们可以通过培养创新学者素养、公民素养和就业能力来看个人发展。英国的《迪尔林报告》（Dearing Report，1997）提出了高等教育中个人发展的问题，该报告认为所有大学毕业生都应该有机会加入个人发展计划（Personal Development Planning，PDP）。但是个人发展计划应该包括什么并没有明确定义。

虽然英国国家质量保证局（QAA）已经在英国的高等教育中定义了个人发展计划，但对于个人发展计划到底是什么，还没有一个大学或国际上的共识（Brennan 和 Shah，2003）。英国大学被要求建立学生个人发展档案："学生可以监控、建立和反思个人发展的机制。"

英国国家质量保证局的指南指出，个人发展计划关注整体学习（包括学术性和非学术性）以及"自我反思、创建个人记录、规划和监控个人目标实现的过程"（QAA，2001）。

该指南还陈述了个人发展计划的预期目的：让学生成为更加高效、独立和自信的自主学习者，让他们了解自己是如何学习的，并将学习与他们的背景关联起来，提高他们学习和职业管理的通用技能。

在澳大利亚的悉尼大学（University of Sydney），有人对毕业生素质进行了研究。研究内容包括学术成就、终身学习和全球人民的期望素质（参阅 Barrie，2004，2006，以及悉尼大学研究生素质项目）。在澳大利亚，使参与研究的学生能够辨别、表达和提升已经拥有的技能和素质这一做法受到了人们的关注。这特别适合有经验、成熟的学生，但是要求研究生导师能够鼓励研究生思考并反思所参与的过程（Cumming 和 Kiley，2009）。

在英国的一所研究型大学中，个人发展计划被定义为以下 3 个相互独立的部分。

- 学习、研究和学术；
- 就业能力和参与社会活动；
- 个人能力和沟通能力。

学术研究的每个层次都有不同的学习目标和课程，学习单元的领导者必须阐明他们的学生在每个分组中至少实现了一个目标（Burden 和 Lee，2006）。

通过研究了解你可以提高的技能以及存在的问题也是个人发展计划的一部分。

6.6   就业力：变通性技能的重要性

在萨尔茨堡一世和二世（EUA，2010）时期，EHEA普遍把博士教育作为研究人员发展和创新的国际性过程，这个过程需要保证质量、鼓励流动、支持传播发展通用技能。

EUA已经指出了未来博士教育面临的几个重要新挑战：出版压力可能会影响研究过程的完整性，我们需要利用新技术、法律和道德来应对数字化的挑战，研究国际化和全球化带来的挑战，尤其对我们研究人员的科研交流也带来了挑战（EUA，2017）。这些挑战都对教育规律的研究提出了新的要求，要求我们将创新和实践联系起来。国际教育可以培养跨文化能力，伦理挑战可以引入合理看待知识所有权的新方法。通用技能此时就显得尤为重要。

第1章探讨了EHEA高等教育框架，同时强调了培养沟通技巧、团队合作和积极学习态度的重要性。

6.6.1   学生通过研究培养哪些变通性技能

分析此问题的一种角度是从5种方法的结构来看。表6.2列出了一些通用的技能。这些技能在科学研究的任何阶段都很常用，可以从有意义的研究项目中学到这些技能。

表 6.2   通过项目研究获得变通性技能

职责管理	融入团队	批判性思维	自我革新	关系拓展
项目计划技能 项目管理 时间管理 协商必要的资源 监控进度	吸收专业知识 成为有价值的团队成员 通过沟通说服同事 了解并在不同的文化使命和价值观环境中工作	提出合理而有说服力的论点 采用假设和逻辑推理预测问题 具有预测能力，并知道预测的局限 解决问题	能适应新环境 与各种类型人打交道的能力 能决策和选择发展路线 评估自己的优势与劣势 能从困难中汲取经验 能制订计划提高知识和技能	值得信任 明辨是非 智商与情商兼具 关心他人 能控制和管理好个人与职业的边界

几乎所有面试中，表6.2所示的技能对展示能力都很有用。所以最重要的是找出能证明你拥有某种技能的佐证，并且把它转换一个通用的样例，然后在下一个雇主或面试

官那里可能成为一个被问及的例子。

英国研究机构 Vitae 全面整理了有关研究人员通用技能的术语，该组织已发布了研究人员发展框架（Researcher Development Framework，RDF）。它假设存在 4 个发展领域（知识和智力，个人效能，研究管理和组织，参与、影响和效果）。

6.6.2　认识到正在形成的通用技能

Vitae.ac.uk 网站创建了一个商用的在线计划，用于评估通用技能，并且在标识博士的通用技能方面做了大量工作。其中许多方法也可以有效地用于其他课程。图 6.3 所示为完整的研究人员发展框架图。有些大学就是按照 Vitae 所描述的进行可迁移/通用技能培训的。

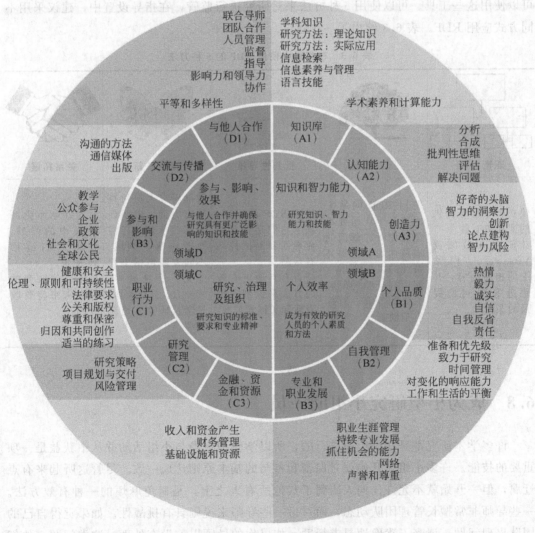

图 6.3　研究人员发展框架

研究人员发展框架的内圈包括研究人员的知识、行为和素质等 4 个领域。它列出从事研究应具备的能力：广博的知识、智力、技术和专业标准，以及与他人合作并确保研究具有广泛影响力所需的个人素质、知识和技能等。每个域都有 3 个子域和相关的描述符。

该框架来源于对研究人员的非正式访谈、文献综述、报告、全行业咨询和专家（同行）评价。其目的是以一种非评判、包容和前瞻的方式来确定素质（Reeves，Denicolo，Metcalfe 和 Roberts，2012）。

6.7　实践中使用研究人员发展框架（RDF）的 5 种方法

研究人员发展框架是为英国的高等教育机构设计的。许多其他大学在它的网站上也可以使用这些工具。可以使用 5 种方法来对研究进行监管，在指导设置中，建议采用不同方式应用 RDF。表 6.3 给出了一些建议。

表 6.3　在实践中使用 RDF 的 5 种方法

职责管理	融入团队	批判性思维	自我革新	关系拓展
建立职业服务提供的课程和工具。 让研究人员阅读 Vitae.ac.uk 网站上的相关内容，并跟进 RDF 可能提及的课程	使用 RDF 网站上的工具，让研究小组或你所在部门的成员计划如何提高彼此的职业潜力。 阅读有经验的研究人员的简介。对你有帮助吗	检查 RDF 的原理，确定它们是否对职业规划和面试技巧有帮助。 是否有其他更有效的方法来识别通用素质和关键素质	鼓励研究人员检查所有方面，以明确有哪些优势，还需要改进哪些领域。 不同方面包括工程能力、信息素养、领导力、公众参与、教学及研究人员流动性	共享在学术生涯发展中的经验，并将它们链接到 RDF。 探索已经改变的和在未来将要改变的

6.8　成为小型研究小组的一员

许多学术研究都是在小组中进行的，所以学会积极参与小组活动并从中获益是一项重要的技能。许多小组一开始就对保密和参与的基本原则达成一致。尽管这听起来有点迂腐，但一开始就不允许任何人凌驾于其他所有人之上，是避免麻烦的一种有效方法。一些导师非常擅长管理团队动态，而对另一些导师来说则具有挑战性。如果觉得自己的团队出现问题，请毫不犹豫地寻求帮助。如果你的导师以前没有处理过这类问题，他们应找到能处理的人。

6.9　寻求导师的指导

对于追求自我革新的学生来说，指导很重要（Pearson 和 Brew，2002）。关于导师指导的文章有很多，特别是指导技巧方面的（Lee，2006，2007）。导师通常只提供非决定性的意见。指导建立在 Rogers 所提出的理念基础上，即自我检验和自我发现是学习的重要方面（Morton-Cooper 和 Palmer，2000），其中包括相信学生可以从依赖他人转变为自我指导，积累经验并记录他们的学习和转变。希望看到的是从注重获取知识转变到更注重自我表现。目的是积累经验和培养批判性思维能力。

导师有第一导师和第二导师之分（Kram，1985；Freeman，1998）。第二导师与学生之间更像是一种商业关系。他们专注于为学生的职业发展提供支持。他们可以提出项目建议，帮助解决工作上的问题，在他们的专业领域内提供训练，并在关键的地方积极鼓励学生。

第一导师能提供更有深度的经验，一些学生会觉得太过宽泛，超过了它们的预期。当建立起情感纽带时，学生会被第一导师接纳，指导方法将转向框架中的下一个发展阶段——建立友谊。第一导师的优势在于，他们有权力认可和确认学生的价值。他们可以帮助学生从各种生活经验中学习，并筹划和演练未来的情况。

很显然，第二导师更容易找到。有时候，一段关系是从期望获得更实用的指导开始的，然后双方变得相互信赖。

自我革新作为一种手段，意味着会得到支持和面对挑战。这也是个人转变的过程。当我们审视变革性学习的先决条件时，变革性研究过程的潜力就变得清晰了：它需要批判性的反思和迷失方向的困境（Mezirow，1991；Taylor，2007）。

这种你可以应付的东西，也可能会扰乱和迷惑你，所有学者都面临这样的挑战。有些人相信，如果你想理解这种现象，就需要深入体验迷失方向的阶段；另外一些人可能会觉得这很残酷，且没有必要。他们认为通过讨论在高等教育中迷失方向会出现在哪些地方可以解决这种困境。如果你是从事研究的学生，这对你来说是一个问题，你需要从学术社团中值得依赖的成员或提供学习支持服务的部门寻求更多的建议和帮助。

6.9.1　从失败中学习

失败很重要。正如 Bandura（1994）所说的那样，如果我们只经历简单的成功，就没有机会发展适应能力，也无法在逆境中变得更强。下面的采访片段在实践中证明了这一点。

我曾经有一个学生做一个我认为非常优秀的项目，她更擅长分析数据，而不是收集数据，一直以来她所收集的数据对我们来说都毫无意义。显然她不是实验室里最优秀的人，所以我想：哦，好吧，也许她算不上一个好的实验员，我们不得不教她怎么做。但事实并非如此，我们只看到了她的数据，却完全忽略了这些数据蕴含的东西。我们本应该用完全不同的方式去思考数据背后的研究发现，为此我们感到愧疚，事实上有一个研究团队（在另一所重点大学）并没有忽略它，他们发表了她的研究发现。我们明白了……为什么……没有奏效。她花了近两年的功夫整理这些数据……这使她一直很沮丧，也很痛苦。然而我认为正是这样才使她成为内心强大的科学家，然后她开始做研究，还有其他的，而且做得都很好。后来我们也开始一起做事，也更得心应手，她也获得了学位。她在学校待了6年，我想，她那两年的经历是不愉快的，因为工作没有成效。她和两个同学是同一年来的，他们都已经开始工作了。所以她一定会想为什么事情不顺利，但从长远来看，并没有那么糟糕，尽管我承认，我自己也有这种感觉。挫折是每个人都要经历的。我们必须学会如何处理这种挫折，如果她选择了一条科学道路，她将再次面对它。而且，尽管她以前不明白，现在也不明白，我真的希望她以后能明白。

好的导师知道如何帮助学生从困难的经历和失败中学习。Clutterbuck 和 Ragins 认为，无论关系是正式的还是非正式的，关系的质量总是更重要。这一观察证明了自我革新和关系拓展之间另一个模糊的界限。

指导也有其消极的一面。没有批判性思维能力的学生，面对一位缺乏自我意识、未经训练的导师时可能会出问题。达林（Darling, 1985）提出了"毒导师"一词，其中包括回避者、破坏者和批评者，他们会不公平地利用他们的学生，此外还有利己主义者。这就解释了对指导进行培训的另一个必要性：学者需要特别注意，在他们自己还没有完全搞懂的问题上指导学生会有危险。需要考虑清楚界限。指导者并不直接指示或命令学生，他们是项目、学位论文或学术论文的"助产士"，理解这个职位并培养做好这些事的技能需要一些时间。

6.9.2　指导研究型人才的角色限制

导师很重要，他在关键时应该实事求是，为学生提供指导、支持和建议。因此，真正的导师不一定是"主管"，也不应该是直属经理或评估员（许多组织和专业人士都将"导师"一词用在了这些方面）。师徒关系是一种纯粹的自愿关系，并且双方都有积极的态度。这种关系可以为学生提供有意义的学习经验。研究生导师可以采取指导方法，但是由于他们的组织角色和义务，他们可能不得不处理由此产生的利益冲突。

6.9.3　何时指导对学生更有益

重大事件的发生会带动人们去反思，但过去的经验往往可以用来解决当前问题。有经验的导师会抓住这样的机会，帮助学生打开新世界的大门，看清趋势，照亮盲点（Egan, 2002）。指导通常在学生担任新职位或进入新的组织时发挥作用，迅速跟踪他们的发展，培养跨文化意识，辅助应对管理变动，帮助解决专业角色、自主权和组织需求之间的冲突，帮助管理抵触情绪，以及帮助那些自卑的人（Morton-Cooper 和 Palmer，

2000)。然而，值得强调的是指导是为心智健康的人而非病态的人准备的。

6.9.4 师生分别

师生关系通常会在某一时刻结束，大多是因为该阶段的学习任务已经完成，但有时也会出现一些问题。没有察觉的导师可能会"坚持"下去，而学生可能想要逃离并重新找回自己的生活。为了确定正式的师生关系何时结束，需要定期提前进行审查。友谊或工作关系可能会继续，但那会有所不同。在不同的地方见面，或者在最后一次会议上做一些不同的事情，更容易标记这种分别。

师生关系本质上是一种职业关系。在本章中，从自我革新的角度介绍了做研究的许多方面。其中涵盖了探索式学习的不同方法，增强自己的能力，明确通用技能，在研究小组中工作以及找到导师。第 7 章将探讨这个问题的另一面，即如何让导师与学生之间的关系变得更加私密和无私，让双方都充满活力，互相回报，并且双方都仍然保持在适当的界限内。

第7章

创建与维护关系

7.1　如何处理师生关系

本节将介绍如何建立并维持良好的师生关系，以预见和避免一些不必要的矛盾冲突。首先，双方要怀着善意的态度解决问题，没必要总是公事公办地来完成对方的要求。双方还应保持适当的边界。许多导师喜欢公事公办，而不是在一种友好的氛围中工作。但学生则希望环境更友善，利于成长，处理好这种冲突也是管理双方关系的重点。事实证明，学生比导师更看重第五种方法，即关系拓展。

学生对教师的满意度是衡量师生关系质量的重要因素，甚至是最重要的、决定性因素（Harkin，1998；Smith，1997；Carson，1996）。恶劣的师生关系必然会导致极差的完成率（Taylor，Kiley 和 Humphrey，2018）。因此，我们需要寻求 Clarkson（1995）所主张的"团队协作"———一种针对共同任务的富有成效的联盟。

在这种方法中，建立友谊是重要且颇具争议的一部分，但在教育界是充满挑战的。亚里士多德曾经提出，友谊是必不可少的——"即使拥有所有的美好，没有朋友的生活也是没有意义的"（Thomson，2004，p258）。他将友谊分为实用型（本书框架中的 4 方面可归结为实用型）、不当型（与学生共同工作和评估时跨越了可接受的范围）和完美型。

完美型友谊是最宝贵的，是建立在友善基础之上的，它意味着朋友关心他人胜过关心自己。完美型友谊还意味着喜欢人的天然本质，而不是他们拥有的一些偶然性的闪光点，如漂亮。这样的朋友有相似的特征，而且需要相处很长一段时间以后才会产生这样的友谊。友谊需要时间来见证。根据亚里士多德的说法，餐桌见人品，除非你们一起吃过饭，否则你无法真正了解对方。这显然是多次聚餐小酌后才逐渐产生的友谊。换句话说，朋友们需要分享美食，而吃饭的时光通常是社交聊天、谈趣闻轶事及分享故事的时间。最后，正因为完美型友谊弥足珍贵，才更彰显朋友的人品。

Macfarlance（2009）将亚里士多德的美德观念引入教育领域，呼吁人们应拥有以下品质：勇气、节制、宽容、美丽、友善及机智。他指出，由于高等教育大众化给学术界和研究带来双重压力，使美德和伦理的教育面临更大的挑战。如果开发一种全面的方法来指导学生做研究，那么这种压力的存在就可以解释为什么整个框架中的最后一部分，即维系团队关系如此重要。

当然，融洽的关系并不一定是在研究过程的初始阶段就能体验到友谊。Ives 和 Rowley（2005）认为过分的友谊会阻碍良好的指导关系，因为它会削弱批判能力。导师和学生之间能力的动态变化使他们很难维持友谊。

Wisker 及其同事认为，情商与灵活性在学生顺利完成学业的过程中发挥着重要的作用。这已成为教育领域中一个颇受争议却很普遍的现象。人们有效地阐述了情商的 4 个主要方面：情感感知与表达；情感理解；情感促进思考；管理自我和他人的情绪（Salovey 和 Mayer，1997）。有些学者比其他人更关注学生的情感。正如一位学生所说：

好导师是学生精神成长的引路人，这一点很重要。记得当时我对老师给予的帮助很惊讶。他们帮助我渡过难关，这与科研支持一样重要。

处理冲突的能力也是情绪管理的一部分（Salover 和 Mayer，1997）。问到一位导师如何解决冲突时，他分享经验说：

我首先试着把事情合理化，并尝试可以在多大程度上控制情绪或消除负面影响，通常是与学生谈心，偶尔与老师交谈，了解情况，逐步建立良好关系。我曾经和一位与导师关系紧张的学生打过交道。

关于培训和组织优化的文献可以帮助我们了解更多解决冲突的手段。Morgan（1997，pp205-209）提出用 5 种不同的方式处理冲突：回避、妥协、竞争、迁就与合作。正如 Harrison（2002）所指出的，每种情况都需要一个与之匹配的方法。

有时协作不起作用；为保证所有参与者的承诺能够实现并使工作向前推动，最好通过协商达成协议。有时为了在另一方面取得进展而放弃选定的路线或许是明智的。

（Harrison，2002，p121）

导师和研究生之间的关系可以非常密切。因此，我们花费了大量时间来讨论如何确定适当的边界。

学生遭受严重创伤（如丧亲、挨饿或生病）时往往难以沟通。通常，导师的角色是尽量提供科研方面的帮助。

协商很有用，无论是正式的还是简单的讨论。作为师生关系相处之道，一般是学生需要率先提出达成协议的想法。现在有些导师先发制人提出主张，那学生会更轻松。协议或合约可以让我们按照合约条款行事，而不需要检查我们是否一直在预期范围内工作。但是，（心理上的）隐含契约需要尽可能明确，原因有如下几点。首先，澄清期望意味着双方愿意在很长一段时间里一起和谐地工作，尽量减少意外的违规事件的发生。其次，发生变化时，可以做好充分的准备迎接变化带来的影响。

合约考虑到了双方能力的差异。在师生关系中，导师拥有提供资源、专业知识和专业技能，提供参考资料，对学生进行最终评判的权责和能力。学生在完成学业目标及其他目标时需要拥有一定的能力。所以这不可能是一种平等的关系。Hockey（1996）建议师生之间应达成明确的协议，而这往往是一种常被忽视的手段。

健康的关系不仅仅需要对资源进行简单的影响分析，还需要对相处界限达成一致。在关于保密界限的谈判中，Hawkins 建议讨论针对承诺和期望等有限的保密。

在协商指导的相应保密界限时，不应该一刀切、声称这里分享的一切都要保密，或者没有什么可保密的……我们还要向导师承诺：以专业的态度对待分享的一切，不会八卦他们的隐私。

（Hawkins，2006，p209）

7.2　良好的关系始于信任

良好的师生关系，关键在于相互信任以及彼此诚信的理念。随着时间的推移，这些声誉问题会逐渐显露出来。无论是做研究的学生还是学术导师，都需要建立和发展自己的声誉，而这些声誉都是通过彼此的尊重与付出获得的。实际上，这意味着双方都信守承诺时，健康的师生关系就会发展起来。无论是小事（如准时参加会议并做好准备）还是大事（如及时跟进联合资助项目开题提案的讨论、相信研究结果的准确性），都是如此。

信任作为一种职场现象被定义为"愿意接受不确定性，并且在非安全状况下的一种脆弱性表现"（Hope-Hailey et al.，2012；Guccione，2018，p4）。Guccione 研究了在博士生涯中形成信任的机会，并描绘了师生经历过的一系列脆弱性表现。对学生来说，脆弱性与博士学位和学术环境中的紧张学习（显性和隐性），以及将之前的学习策略转向博士研究的挑战有关。对导师来说，则涉及院系和研究机构的政策与文化，包括如何看待、重视、支持和约束监管等结构性的问题。

Guccione（2018）论述了博士阶段师生关系的信任是如何建立或被破坏的。基于之前的受教育程度或者机构隶属关系，导师和学生都以默认或假定的信任建立新的伙伴关系。双方的信任是随着时间的推移而确立起来的，既有对之前每一次相处的反应，也有对他人行为或态度的观察。而信任的消磨也会随着时间的推移逐渐产生，这与对指导关系的期望没有得到满足，或获取博士学位的目的与实现过程不匹配有关。与欺骗、欺凌或个人诚信等有关的严重事件也会导致双方信任关系的破裂。Hawkins（2006，p210）认为，信任被破坏也不是不可以补救的，它可以作为反思、学习和重新建立人际关系的契机。

该框架展示了职业身份和个人身份之间的变化（见表 2.1）。这就产生了一种潜在的冲突，因为学术目标可能会与个人目标相抵触。

　　管理期望是建立长久关系的关键（Kiley，2006；Murray，2006），搞清楚这些期望很重要。Murray 指出，学生在撰写论文和探索发生的事情时与导师的期待产生分歧，学生想要学习如何更简洁地撰写论文并使用正确的术语，而与此同时，导师关心的是学生对论点的性质和论据进行论证。

　　一位经验丰富的导师描述了他们如何设置期望：

　　我总是对学生们说，师生关系让人爱恨交加。大部分时间你对我可能是厌恶多于喜欢，但如果我们能在最后摆脱这种不愉快，仍然相互交流，甚至在将来成为朋友或同事，那对我来说是非常好的结局。

　　在建立期望时，第一印象的力量不容忽视。与导师的初次接触和新生的入学培训是建立良好关系的关键，其目的是建立工作团队，并且在协商阶段，期待、希望与担忧并存。

7.3　从学习成为小组成员开始

　　最初几周是理解和建立期望的关键。应尽早加入小组、创建团队并一起工作，这样可以获得帮助。框 7.1 显示了管理学院典型的入门课程，可为博士生设计一个类似的课程（其中应该包括更多关于研究方法的内容）。有些大学已经成立了研究生院，可在他们的支持下组织入门课程。

框 7.1　硕士研究生入门课程纲要

- 机构介绍，主要学术人员和行政人员简介。
- 硕士阶段的工作介绍：
  - 批判性分析的技能。
  - 为撰写期刊文章、研究论文和学位论文而阅读文献。
  - 如何获取并利用反馈。
- 攻读硕士学位期间，能从教研方法中收获什么。
  - 讲座、案例研究及教程的作用。
  - 确定最佳的学习方式并合理安排时间。
  - 可用的新技术的概述。
- 研究小组的入门级案例。
- 小组工作反馈。
- 经验丰富的研究生组成新生答疑小组。
- 社会活动。

7.4　创建或加入学习小组

入学期间是建立你自己的学习小组的关键时间，在这段时间可以找到与你同时开始进行研究的同学，这样你们就可以建立自己的非正式支持小组。在这个阶段，虽然与研究相同课题的同学一起工作似乎很重要，但更重要的是你们同时开始研究。成立定期开碰头会的小组，在会上可以轮流描述自己的研究进展，这有助于你按时且成功地完成学业。

博士生群体也是进入博士研究生院或参加博士培训中心后形成的。这些群体可以起到缓冲作用，以免你孤立无助。如果你还不是某个集体的一分子，那么开始建立自己的人脉非常重要。

7.5　单独招生的入学情况评估

同样重要的是，单独招收的研究生也需要完整的入学评估（这种情况很容易被忽略，因为相对非正式的情境意味着更容易假设各种情况）。下面是评估入学情况的清单（见框 7.2）。

框 7.2　研究生入学情况评估

研究生入学清单

（1）建立期望

　　你是否与导师讨论过他对你的期望？你想从导师身上收获什么？

　　你们解决了所有分歧吗？

（2）制订学习目标

　　你确定个人学习计划中有哪些重要阶段了吗？

　　你们就总体进度表达成一致了吗？

（3）保留记录并引用

　　你已经开始总结、记录和正确引用你的研究了吗？

　　你知道在哪里可以获得避免有剽窃嫌疑的建议吗？

（4）提高使用图书馆的技能

　　你见过图书馆管理员吗？

　　你参加过图书馆入门培训吗？

（5）作为学术团队的一员

　　你见过其他学生以及你的学术团队、行政团队的成员吗？

　　学术团队成员有院系主要人员的名单、职务和电话号码吗？

　　你知道公共休息室在哪里吗？

(6) 学术写作以达到研究生硕士论文写作规范为目标

　　你是否写过初稿并征求反馈意见？

　　在本学科，你找到优秀的写作范例了吗？

(7) 如何克服孤独感

　　你是否遇到来自家乡的人或本学科的同行？组成研究小组了吗？

　　你找到供研究生使用的相关设施了吗？

　　你是否参加过有关会议？

(8) 如何帮助制订一个研究计划

　　是否与导师讨论过为什么要进行该项研究？

　　研究是否实用，学术水平是否合适？

　　研究计划是否太感性了？

(9) 谁是主要导师

　　你们是否讨论过你的可用时间？

　　联合导师是否与你讨论过他们之间如何分配不同的角色？

(10) 从哪里获得经济资助

　　你知道资助的来源吗？

7.6　寻找并利用反馈

研究生需要学会处理烦琐的、庞杂的、甚至难以接受的反馈，因此尽早讨论这些非常有用。反馈要求你改变看待事物的方式，这并不意味着你的研究失败了，而是意味着你得到了学习的机会。从各种渠道（如博士后、其他研究人员、研究生及其他学生）寻求反馈很有必要，因此整学年寻求反馈会让学生更加健康地思考，更加关注问题所在。

关于反馈的第二个讨论更为实用：讨论你期望得到什么样的反馈（如短期任务、论文提纲、论文草稿或整篇大论文）以及你希望多长时间可以获得反馈。你倾向于书面反馈还是当面口头反馈？

7.7　成为学术团队中的一员

在许多大学里，博士生的待遇与初级学术工作人员的待遇相似，这是成为学术界一员的好办法。在挪威和荷兰，正如我们前面提到的，博士生被视为正式员工并有薪金。如果要求他们承担教学任务，那他们的合同年限往往会稍长一些。硕士生和本科生或许没有如此接近学术界内核，但正如我们所看到的，确实需要鼓励他们成立自己的学习小组。一些院系或团队已经有学习小组了，偶尔会建议他们讨论某些书籍或期刊文章，或邀请一些专家演讲。

7.8　战胜孤独感

孤独，以及对孤独的恐惧，是我们大多数人面临的挑战（Grenyer，2002；Hockey，1994）。一个少数民族的研究生，第一次在一个与祖国文化背景相冲突的另一个国家生活和工作，通常会感到异常孤独。但是，国内的学生也可能感到很孤独：他们会发现环境是陌生的，不愿意在智力上挑战学术界，也不愿意在社会上寻求帮助。许多学生能完成学业的一个关键因素是他们能找到可以一起工作并交流的朋友和同事。你可以使用硕士研究生入门纲要（见框7.1）来帮助成立学习小组。在入学之初花时间组建学习小组非常重要，这可以让你在整个学习过程中保持活力。虽然入学之初是鼓励成立学习小组的黄金时机，但并不是唯一的机会。框7.3总结了可随时成立小组的方法。

框7.3　战胜孤独感

你是否：

- 鼓励学生成立小组并且定期开会？
- 定期参加小组研讨会？
- 邀请其他科研人员介绍他们的工作？
- 考虑创办期刊社团？
- 参与更广泛的活动？
- 用一种有趣的方式向完全不了解你研究方向的朋友或家人说明你的研究项目？

7.9　建立属于自己的专业人脉

学生不知道该怎么求助是很常见的。其实你可以向私人教师、顾问、学术导师、第一导师或联合导师、签约的研究人员、课程负责人、项目主任及讲师等寻求帮助。

在博士阶段，导师们或许会对第一导师的角色感到困惑。例如，他们的重点是负责指导学生，还是指导联合导师？有些困惑可能会持续下去，因为导师接受自己被他人指导可能会尴尬，这可能会让他的学生认为他缺乏经验。而在其他时候，第一导师可能会对许多学生承担名义上的责任，但无法专注于每个学生的具体需求。表6.1给出了相关人员与相关话题的矩阵模型，你可以对其进行调整，包括针对性的问题和问题来源。这类矩阵模型的目的是培养你独立处理科研过程中出现问题的能力。

7.10　如何获得财务管理方面的帮助

大学生是成年人，教职员工不能代替家长。然而，如果博士生以团队成员的身份通过研究委员会或其他拨款获得资助，那么学校有义务确保学生在指定的时间内获得资助。在英国，多达 1/3 的学生不会在 3 年内完成学业，并且这种模式在整个欧洲都很常见（EUA，2007）。这就是为什么时间管理如此重要。即使你已经获得了全额资助，也要计划好各项开支，包括生活费、差旅费及各类研究费用，这一点非常重要。有些学生计划边工作边完成论文，的确有些人做到了。然而，我提倡在研究过程中尽可能多写文章，因为这会使最后的任务完成起来更轻松。

大多数英国大学都有助学金，一些院系会获得外部资金来资助博士生的研究（通常有严格限制），还有一些慈善信托基金会提供帮助，但所有这些都需要时间和计划，所以当学生突然发现自己的存款不足时，可能会遇到麻烦。

研究生获得补助津贴的来源通常是做市场调研和参与教学。这些对学术生涯是有益的，也可以丰富简历，但这类工作的薪酬水平差别很大。导师非常希望学生能合理均衡带薪工作与研究之间的关系。

最容易获得的经济资助通常是源自雇佣关系，雇员同时也是雇主的学生。以欧洲的挪威为例，导师把博士生视为员工，并支持他们成为员工。攻读专业博士或从业博士学位的学生可得到雇主的资金支持，并且通常在研究项目的自主权和资金支持之间进行权衡。框 7.4 中的一些问题，可能是你在开始研究项目之前必须考虑的问题。

框 7.4　帮助学生规划和管理财务的问题

规划管理你的财务资金

- 在最短的学习时间内，学费和生活费是否有保证（或实际上是否有学费和生活费）？
- 你计算过旅行和购买书籍、软件、通信工具和文具的费用吗？
- 如果你有一份兼职或带薪职位，你希望工作多长时间？
- 有哪些慈善机构/学生会/助学金可以提供帮助？他们的资助标准是什么？需要多长时间才能获得资助？
- 全日制和非全日制的费用有何区别？二者能容易进行转换吗？
- 如果你的研究超过了预期时间，你将会怎么做？
- 如果你没有完成任务，是否会受到处罚？

7.11　研究有争议的课题

在研究课题的选择上有一些职责上的约束。此处讨论这个问题是因为，尽管对这些困境有专业上的解答，但如果你想从事某些研究，却没有得到导师的支持，你就会体验到紧张的师生关系。

有些学生对研究某一课题有着强烈的个人动机，并希望从中找到个人困境的解决方案。在其他情况下，这种困境的答案也许意味着从事某项专门的工作。例如，有些学生想冒险进行野外实地调查，要前往政局不稳或存在健康风险的国家或地区；有些学生试图解决个人的问题，如厌食症、丧亲之痛。还有一些学生想学习某项技术或某类实验，而导师对研究结果的长期应用有一些伦理上的顾虑。这些研究如果存在实践、情感或道德上的困境，那么你需要做出艰难的决定。

如果有一个需要全额资助的研究提案，你需要仔细评估可能承担的风险并做好规划，而你的导师需要对研究人员的健康和项目安全负责，学校的义务是关注项目的正常进行。所以购买保险和伦理审查可能会是问题。在这样的情况下，你需要将研究项目划分为几个阶段：第一阶段是获得更多的必要技能；第二阶段，真正想承担的研究项目可在毕业后展开，甚至可以成为终身职业的一部分。

如果导师对研究提案的性质有伦理上的严重顾虑（例如，极有可能担心研究结果会用于强制行为），那么他们有权撤回研究项目。你的导师有义务支持你进行切实可行、合乎伦理的项目，而且他们觉得有能力为你提供支持。你有权与导师保持专业上的关系，并维护之前商定的期望和相处的界限。导师退出研究项目或学生申请新导师都是具有破坏性的，但是当尝试了所有的其他方法后，也许这是最佳的解决方案，但必须在相关部门成员的监督和良好的意愿下进行。

7.12　辨别师生关系中的不良模式

至少有 4 种潜在的滥用师生关系的行为，它们可以是双向的。导师可以滥用与学生的关系，反之亦然。

任何一方都有可能从对方的研究中获取商业利益。这可能是直接获得经济报酬，例如，将发明中本不属于自己的一部分声明归为己用；在没有签署共同创作协议的情况下出版前期的研究成果；排除另一方进行项目竞标，并过分强调他自己到目前为止在工作中的作用。也可能是一方并没有做出什么实质性的贡献或占有欲很强，为了科研利益，试图声称自己是成果的作者来提高个人的声誉。有些问题与利益有关，但很难有一个令人满意的边界才是症结所在。获得友谊是合理合法的，但滥用关系或为了满足被关爱的需求，友谊就会变质。在这些情况下，就需要寻求工会代表或顾问的支持（希望不会出现这样的现象）。

建立边界说起来很容易，做起来却很困难。有时需要寻求专业咨询师的帮助，及时咨询将给师生双方带来不同的体验。如果导师在寻求利益，那么就会有利益冲突的伦理问题亟待解决，而当这位学者刚好是这项研究的评委时，问题会更加复杂。面对这些困境，需要与课题组长或研究生院院长进行讨论。

建立良好的关系在于以下几点：价值观和期望共享、信任度高、反馈友善而诚实、把问题变成学习的机会、各方的贡献都受到应有的尊重。

7.13 建立良好的关系：从头开始了解和管理彼此的期望

建立良好关系的最佳方式是各方以平和的方式阐述自己的期望。表 7.1 中的内容需要师生之间讨论。它可以促进小组讨论，并且在研究项目的不同阶段强调不同的要素。

表 7.1 从头开始建立良好的关系

师生关系——旗开得胜

导师和学生可以单独填写，然后讨论

		1	2	3	4	5	
	计划						
1	选择研究课题是导师的责任						选择研究课题是学生的责任
2	相应的理论框架由导师决定						要用的理论框架或方法论由学生决定
	知识产权						
3	导师需要详细了解研究课题						导师只需要大致了解研究课题
4	导师是专家						学生是专家
5	导师是权威人物						导师是合作者，起决策咨询作用
6	导师应和学生一起参加学术会议						学生应独自参加学术会议
7	学术道德和学位论文的质量标准由导师负责						学术道德和学位论文的质量标准由学生负责
	时间规划						
8	导师应制订研究计划表，并确保学生遵守						学生应制订个人的研究计划表，并进行个人进程的监管
9	导师应安排合适数量的会议						学生应按需求主动要求开会
10	导师应发起关于最终学位论文提交时间的讨论						学生应发起关于最终学位论文提交时间的讨论
11	学生应始终遵守约定的截止日期						约定的截止时间是指导性的，而不是绝对的指标
	写作和反馈						
12	导师应纠正文体、语法、拼写及内容的错误						导师只纠正内容错误，不管语法错误和拼写错误
13	导师应鼓励学生在学位论文提交前在期刊上发表学术论文						学位论文提交前撰写学术论文太浪费时间

续表

师生关系——旗开得胜

导师和学生可单独填写，然后进行讨论

		1	2	3	4	5	
	写作和反馈						
14	导师应明确多长时间可提供一次书面或面对面的反馈						导师应根据学生的需要给予尽可能多的反馈
15	如果学生有困难，导师应协助撰写学位论文						导师只提供建议，并将有关内容、格式和写作风格的所有决定权留给学生
16	导师应坚持审阅学位论文每一部分的草稿						由学生决定导师是否审阅论文草稿
17	学生需要完全诚实的反馈，即使反馈具有批判性						导师需要判断给学生提供多少反馈

本章探讨了导师和研究生之间建立健康关系的各种重要因素。表 7.1 是本书最重要的部分。第 8 章会将框架组合起来，并在实践中将其应用于多种不同的情况，以证实方法融合后所带来的优势。

第 8 章

框架助力课题研究

8.1 最佳方法

人们通常会问：最佳方法是什么？答案只有一个：没什么方法是"最佳"的。了解不同方法的优势和需求，并加以融合，这些方法才变得真正有效。利用 Macfarlane（2009）所提出的对研究任务的职责管理进行分析（见表 8.1），我们探究了如何使用其他方法改进工作，以完成整个研究项目。

表 8.1 研究项目的不同方法

研究管理的职能阶段	融入团队	批判性思维	自我革新	关系拓展
构图	参考该学科的其他示例	提出问题：有什么没有包括进来？研究假设是什么？进行风险分析	评估这种方法对学生进入职业生涯和个人发展的利弊	讨论这项工作是否可以合作完成
协商	询问相关部门或学科中还有谁在做类似的研究。可能会有什么合作机会？可以联系哪些团队的联系人	查看与其他学科或跨学科的合作与关联	社会上还有谁可以有效提供帮助或参与这项研究	讨论方法要点，以及如何谈判更有效
生成	回顾该学科最常用的研究方法。寻找参加实地研究的机会	确定和讨论最合适的研究方法。探索新的研究方法	探索和理解不同研究方法背后的方法论以及这些方法的本质	共享研究方法、经验和关注点

右上角：续表

研究管理的职能阶段	融入团队	批判性思维	自我革新	关系拓展
创造	与团队讨论。通过分析数据，寻找该领域的进展	创建新的模型和理论，并评论其普遍性	将进步与个人成长的领域关联起来	分享推理过程
传播	参加部门研讨会等一系列会议	通过会议讨论，回应专家的审阅报告，撰写期刊出版物和书籍。进一步申请拨款。介绍知识的创建和发现	展示和公开讨论更广泛的出版物（不一定只是学术期刊）	共享出版物和发布会的内容
反思	反思认识论上的进步，特别是团队如何支持和参与研究过程	反思所采用的内隐式和外显式框架是否合适	反思对自我和本体发展的影响	反思人际关系的拓展和工作效能的影响因素。评估朋友和家庭的影响

如果想知道只关注表8.2所示的5种方法中的某一种有何负面影响，可以看看每种方法的优缺点。或者更确切地说，关注缺点。这是因为如果仅采用一种方法，缺点会变得更加明显，如表8.2所示。

表8.2　不同教研方法的概念本质及其优缺点

	职责管理	融入团队	批判性思维	自我革新	关系拓展
优点	职责明晰、一致，可监控研究进度	鼓励标准化、参与性、身份认可以及团队的形成	提出理性质疑，暴露谬见	有利于个人成长，培养应对变化的能力	维系终身工作伙伴关系，增强自尊心
缺点	针对原创性知识时有些僵化	内部分歧的容忍度低，存在性别歧视和种族化规则	拒绝创造力，矮化学生或使其丧失个性	导师滥用权力，导致有害无益的指导（Darling，1985）	可能存在放弃责任、拒绝指导现象

"有毒、无益的指导"（自我革新的一个缺点）是指导师不能借助已有的经验解决某些问题在当下的师生关系中再次出现。它使师生关系恶化，参见第7章。

8.2　独立研究

被认定为优秀研究人员的一种方法是，他们完成研究项目后便成长为独立的研究人员（通常出现在硕士和博士级别）。在进一步的分析中，依赖性和独立性在每种方法中的含义略有不同，因此要实现独立性研究，可能会需要精通表 8.3 所示的内容。

表 8.3　成为独立型学者

	职责管理	融入团队	批判性思维	自我革新	关系拓展
依赖	需要向学生解释接下来的阶段以及经历这些阶段后达成的目标	需要向学生展示做什么	学生学会提问题和应用框架	学生寻求自我价值肯定	学生寻求被认可
独立	学生可以安排自己的工作，按自己的时间表完成工作	学生可以独立遵循学科认识论的要求工作	学生可以批判自己的工作	学生有自主性，可以决定如何做，成为什么人，做什么，以及从何处获得信息	学生表现出得体的互助性，也能独处

8.3　鼓励创造力

此阶段我们研究如何使用该框架来探索研究的核心要素之一：创造力。在英国国家框架（UK National Framework）或 EHEA 对"第一至第三循环周期"（从学士学位到博士学位）的描述中，很明显的国际共识是，创造是所有研究生的关键活动：在学士水平，要求在复杂且不可预测的情况下有解决问题的能力；在硕士水平，学生要证明自己在知识应用方面有原创性；在博士水平，则需要创造原创性的知识（QAA，2008；EHEA，2018）。

创造力也是个人契约，是导师和学生之间需要理解的领域之一。你的导师如何理解创造力？一位导师总结了以下内容："对我来说，创造力是我们在抽象世界和物质世界之间行走时产生的。"但是对此概念还有许多其他理解。

Kleiman 绘制了学与教中创造力的现象学图谱（2008，p211）；而来自护理专业背景的 Hargreaves（2008）认为，我们需要鼓励创造力，但是要识别创造力和管理风险之间的紧张关系。

Sternberg 和 Lubart（1995）认为，创造力需要各种智能（包括综合、分析和实践），而且它是心理、智力和环境机会的综合产物。他们写道，要想分辨出真正的创意和原创，知识水平相当重要。他们还探讨了其他问题，如动机、思维能力、毅力和最佳环境。

是否具有原创性，首先是由该学科的人员判定，因此我们设定的挑战类型中包含融入团队这个因素。

我给了学生一个问题，老实说我认为这将成为她博士研究中占据很大分量的内容，是非常有挑战性的。她第二天便反馈回来，说她想到了解决方案，想让我看看。她的确做到了！

在这种情况下，导师继续解释了指导这样能力超群的学生所面临的挑战。

我想说这真是太棒了，她的方案几近完美。她受到了莫大的鼓舞，继续做一些非常重要的研究工作。我想表达的是，她甚至比论文中描述的内容还要高明，对于她发表的论文，一些评阅者还要努力理解其内容的微妙之处。就她本人的具体情况而言，我所关注的重点是如何培养她的沟通技巧以及如何表述论文内容和论证材料。毫无疑问，她的研究是正确的，但是其他人通常很难想象或理解她的研究思路来自何处。

创造力和原创性是一项出色研究的关键点。对创造力的鼓励可能出现在任一学习方法中（见表 8.4）。从以职责约束为中心的体验转换到以成就体验为中心的过程（Kleiman，2008，p212）被视为创造力维度发展的动态变化。表 8.4 只是展开重要讨论的开端。

表 8.4　研究和鼓励创造力的方法

以职责约束为中心的创造力→以成就体验为中心的创造力				
职责管理	融入团队	批判性思维	自我革新	关系拓展
创造力的源泉 对职责约束的回应或反抗	渐进式改变的过程	有目的地利用偶然事件的机会	对迷失方向的反思	创造具有个人价值的新事物

在表 8.4 中，令人惊讶的是职责管理也能鼓励创造力。这里有一个采访导师的例子，这个例子超出了科学研究的范式（这很重要，因为在实验室中团队成员通常会长时间工作），他说：

因为我一直很在意方向感，所以认为学生很难找到自己的方向。我想，他们认为可以在文献中天马行空、思绪飞扬，做自己喜欢的课题……为此我坚持要求他们每周5

天，每天从早上 9 点至下午 5 点都待在实验室。这对他们来说很难……我开始考虑通过精心安排来激发创造力。我永远也不会相信我会这么说，这是因为人们知道边界在哪里，知道必须要达到什么目标，这有助于实现其目标……他们在墙上张贴创意……这种学习安排体现了一种自由意识。

许多人习惯于将自我革新和创造力这两个概念并列起来，但是对职责约束和批评的回应也会形成新思想。表 8.4 使用 Kleiman 的研究来说明不同的指导方法如何鼓励创造力。

8.4　深入分析研究项目中学生出现的难题

第 2 章介绍了课题研究过程中学生可能遇到的问题清单，其中包括 30 个问题，并初步提出了一些解决方案（见表 2.3）。在此，我们探讨如何使用这 5 种方法来增大解决某些难题的选择范围。

这些陈述摘自遇到困难的学生的一些评论。没有一个学生会面对所有的困难，但是将框架作为解决问题的工具可以帮助我们找到有益的答案组合，如表 8.5 所示。

表 8.5　利用框架找到常见问题的答案

问　题	职责管理	融入团队	批判性思维	自我革新	关系拓展
当我忙于兼职工作而没有研究方向时，我该如何管理时间？我不知道该如何安排时间，似乎时间总是很紧张	找到一些有关时间管理的书籍/课程	首先专注于研究方向。你有什么选择	在选项之间进行选择的标准是什么？例如一个职业，一个有趣的话题，可以使你保持动力，或者有机会与一个优秀的团队合作	你真正想做的是什么	对此，谁能给你好的建议
我的项目需要更多的资金，但是导师似乎认为我不需要那么多资源就可以进行下去。那么我该做什么	编写一份切合实际且有成本预算的项目计划，提交给导师并与其商讨	如何适应院系的工作？是否有从合作中获得收益的空间	探索所有选项的细节及成本备选项	你需要去其他地方吗？你可以在这种情况下获得足够的帮助来实现自己的目标吗	向谁寻求有关如何处理此类问题的建议

问　题	职责管理	融入团队	批判性思维	自我革新	关系拓展
我抱怨见面太少，导师却说通过邮件也可以指导	和导师讨论指导的时长，提前一年计划见面时间，然后记住	可以从院系或研究小组的其他同学或博士后那里获得反馈吗	和别人一起反思这种做法可行的原因，然后检查你是否形成理性的判断	评估这种情况是否可以继续	探索期待
我不知道是否能完成这项工作	给自己设定一个短期时限，专注于眼前的目标而不是完成整个项目	找同学、同伴讨论并取得他们的支持。如果是技术问题，不妨寻求专家帮忙	列出阻碍你的所有事项。是否可用常规思路解决	以前有这种感觉吗？如何克服这个困难	对于可获得的支持要有一定的保证。这个结论需要深入的调查
应该做多少教学工作？能从事教学吗？能不参与教学吗	检查你管理时间和决断的能力	与导师讨论，寻找能帮助你进行有效备课的指导老师或相关课程	承担额外工作有什么优点和缺点	评估这项工作对你心智发展的重要性	还有别人和你一样担任助教吗

　　当将所有这些解决方案按照书中的表格整理好后发现，它们看起来很简洁，也许目前对你不会直接发挥作用。但是，如果你面临一个看似棘手的问题时，可以想一想"我可以应用几种方法？"那么完成本章的表格，你就会发现获得成功的概率大增。

　　有一次，有人问了我两个关键问题，就有了一个简单的答案。

　　问题1：根据你的经验，最重要的方法是什么？

　　A：是灵活运用某种方法，或综合运用这几种方法。

　　问题2：不习惯使用这些方法是否造成共性的问题？

　　A：思维僵硬固化。

　　出于解构和分析的目的，已将该框架显示为一个矩阵图。图2.1真实再现了博士生完成学业的框架图，你可以看到职责管理框架无处不在。研究人员与导师之间的关系不可能存在于制度之外，好比人体的心脏，该框架能归结出问题的核心。自我革新和关系拓展有对立之处，但可以通过其他3种方法联系起来。

　　该框架仅是解决问题的开端提示。在本章，我们看到了每种方法都有其优缺点，并且每种方法都可以支持你成为独立研究者的旅程。第9章将使用该框架帮助你像学者一样写论文。

8.5　有助于深化调查的术语汇编

术语汇编（见框 8.1）中的术语隶属 5 种不同的方法，因此，如果希望进一步研究某种具体方法，可以使用这些术语作为路标。然而，这些术语的应用不仅仅限于某一种方法。

框 8.1　有助深入调查的重要术语

与职责管理密切相关的重要术语

顾问：在某些国家/地区，学术顾问担任研究生研究项目的个人或学术导师。在美国，研究导师（research supervisor）被称为顾问（advisor）。

学分：学分衡量学习的数量和质量，在英国为 120 学时。7 级是硕士水平的常规要求，而 8 级是博士生应该满足的基本要求。

评分标准：适用于评估工作的一组标准。可在一系列子类中定义它们，如文献搜索、知识和内容、遵守各项规定、合成、概念化、下结论、交流和汇报、引用参考文献等。

硕士学位：通常由 180 个学分组成的研究生课程，其中××必须达到 7 级，其余的必须达到 6 级（参阅 www.qaa.ac.uk）。硕士培养计划可以是理论课程的学习，也可以通过研究实践课程来完成（MPhil）。

课程模块：一些大学提供由学习模块或组块构成的课程，用学分来衡量。一个模块涉及某个特定层次的学习。

课程模块负责人：负责计划该模块的教学和评估，并监督学生该课程中特定部分的进度和完成情况的学者。

博士（国际上较为通用的学术性博士学位称谓）：博士级别的培养计划。

研究生毕业证书：通常修满 60 个硕士学分。

研究生文凭：通常修满 180 个硕士学分。

培养计划认证：培养计划由一系列模块组成，并有一定的学分要求。每所大学都有一个权威认证程序，检查该培养计划是否达到标准，以及学生和教职员工是否有必要的资源。

执业（从业）博士学位：博士级别的研究培养计划，包括某一应用领域的课程教学和研究。它包括以下资格证书——工商管理博士（Doctor of Business Administration，DBA）、临床实践博士（Doctor of Clinical Practice，DClinPrac）、教育博士（Doctor of Education，EdD）、工程博士（Doctor of Engineering，EngD）和心理学博士（Doctor of Psychology，PsychD）。

专业博士学位：强调以反思方式将研究嵌入另一种专业实践的博士学位。资格证书与执业（从业）博士学位相同。

指导导师：确保学校履行对学生应尽的责任和义务。

与伦理相关的重要术语

行为准则：由专业团体制定，以提供良好行为准则，并创建用于识别不道德行为的规则手册。它们与责任伦理相关，因为它们属于强制性的。

道义伦理学：认为伦理意义的基础是康德坚持可以适用于所有情况的"平等地对待平等是一种平等，不平等地对待不平等也是一种平等"。行动是对还是错，与后果无关，结果也不能证明手段的合理性（Gregory，2006a）。

话语伦理：话语中出现了伦理意义，可反思价值和发现共同的规范。因此，正确处理话语将是重中之重（Habermas，1992）。

责任伦理：不属于真正意义上的伦理立场；一个负有义务而履行职责的人做事不一定符合道义。

全球伦理：建立在女权主义伦理所倡导的连接感基础上；强调全球范围内对环境和人类的责任。

规范伦理：承担更实际的任务，以达到道德标准所规范的对与错。这可能涉及良好习惯的养成以及遵循职责或道德行为对他人产生的后果。

目的论伦理学：与道义伦理相反，功利主义（效用主义）认为"成败论英雄"。功利主义是一种必然的理论。这种效用（享乐）演算认为，可以基于以下因素得出正确决策的计算结果：强度，持续时间，确定性，程度，距离，丰富性和纯度。

美德伦理：观察一个人的性格。询问："我应该是什么样的人？"共同持有的价值观是"诚信""尊重他人""同理心"等罗杰斯式的特质。而亚里士多德式的典型属性包括诚实、谦虚、节制（平衡与节制）、正当的愤慨、勇气和正义。

与融入团队有关的重要术语

学徒制：通过实际体验或与熟练的、有经验的人共事来学习的机会。常见领域包括贸易，人文艺术或具有共同使命的场合。

训练或指导：集中指导和指示。

实践性团体：一群有共同目标的人——加入这个群体需要社会化过程。

融入团队（文化适应）：融入学科、工作环境（如学术部门和大学）和民族文化的社会化过程。当人们在各种级别适应良好、工作顺利时，就融入了团队。他们了解了文化的传统内容，并吸收了其惯例和价值观，被接纳为相关团体的成员，其他人会就此类事项征求他们的意见。通常需要长时间的学习才能获得隐性知识。

认识论：知识的理论或思想。在本书的上下文中，它尤其适用于不同学科的认识论，并且将包括对边界、前提和有效知识的理解。

国际生：正在非本国文化背景中学习并且不习惯当地饮食、语言和主要宗教或文化习俗的学生。

合法的外围参与：邀请新来者成为团队成员的第一步。这是一种低风险的邀请，通常涉及社交元素（如参加会议）；学会与团队其他成员交谈。在成为团队的正式参与者之前，还要关注学徒制和社交化元素。

本体论：形而上学的一个分支，关注存在的本质，是对事物本质的研究。在本书的上下文，特指作为学科团队成员本能地做出反应的人。他们已经成为学科一员（不是仅仅对研究工作有认识论上的理解）。

隐性知识：隐性知识不易表达，但对人们的思维和行为有很大的贡献。它通过成为团队成员而在社会上传播。任何团队的新成员都需要了解隐性知识，才能有效参与研究，这不是命题或科学知识。

与批判性思维有关的重要术语

概念图：一组概念及其之间的关系示意图。

演绎推理：从一般性陈述或定义到特定实例的推理。

辩证思维：相互关联的要素。在对话讨论中，推理者提出一个（或多个）彼此相左的论点，例如法庭听证或辩论就是辩证思维的例子。

对话思维：从不同角度或参考框架进行的讨论或对话。

认识论：知识理论的哲学研究。

归纳推理：从特定实例或事实到一般结论的推理。

知识：具有清晰的感知或理解的行为。知识基于理解和技能，反过来，理解和技能又基于思考、学习和经验。知识不能脱离思维。它是通过思考进行生成、分析、评估、维护和转化的。一本书仅包含派生意义上的知识——之所以存在是因为人们可以理解它。不要把知识与记忆弄混。

元认知：对所使用的思维过程的认识。

命题：比概念更大的分析单位，定义为表达概念之间关系并具有真实价值的陈述。

苏格拉底式提问：一种旨在揭示含义、真相、理解或信念的深度探究技术。

三段论：由两个（或多个）假定为真的前提和一个结论组成的演绎推论。三段论可能会产生误导性的印象，例如，牛吃草，草被牛吃了，所以所有的草都被牛吃掉了。

与自我革新有关的重要术语

真实性：开诚布公自己的想法。当学者拥有自己的想法时，就被认为是"恰当的"。

革新：获得自由或从压迫中解放。

换位思考：对学生的私人世界感同身受（如恐惧、困惑、兴高采烈）。

导师：值得信赖的关键人物。导师可通过鼓励对控制变量进行质疑来提供帮助，或者在学生从已知领域进入未知领域的过程中提供支持，重点关注学习机会。

指导：一种解放行为。尽管"导师"一词在某些行业中已经启用，包括与评估相关的概念，但指导思想的纯粹意义是鼓励个人成长。

个人发展计划：识别和记录个人成长和专业发展需求并进行规划，以满足这些需求的自觉过程。

自我效能感：通过言语鼓励、角色榜样和自我榜样使信念对行为产生影响。

变革性学习：知识的获取会改变人们的信念、态度和价值观。有时被视为成人学习的主要目标。

无条件的积极关注：对学生作为"全人"的积极评价、热情和喜爱。

与人脉拓展有关的重要术语

利他主义：对他人无私的仁慈关怀。是否存在真正的利他主义一直备受争议。有人认为，利他主义背后隐藏着不可告人的私利动机。

边界：心理实体的边界或外围，有时会无意识地越过边界。心理分析人员使用"边界管理"一词。

情商：利用情绪管理拓展人际关系的能力。这是个有争议的术语，其概念经常包含自我意识，能读懂别人的感受和具有情绪适应能力。

朋友：一个让人感到愉悦，可增强自尊心的人。

信任：对他人的自信态度，可源于经验，意味着知识、情感、尊重或崇敬。个人的开诚布公也可以建立人际信任关系。

第 9 章

学术写作

9.1　如何理解学术写作

我们都会踏入学术写作这一必经之路。本章列举了学术写作的一些关键阶段。根据 Lee（2018b）的描述，我按时间顺序将这些关键阶段绘制成流程图。虽然这是研究人员普遍经历的过程，但并不代表所有研究人员都会遇到这些阶段或者都按这样的时间顺序经历这个流程。

图 9.1 指出了学术写作过程中的关键阶段。这些阶段会根据不同的学科、题材甚至学生不同的偏好而相应改变。制作该流程图的目的是提供一套工具，来衡量你对学术写作的理解程度。

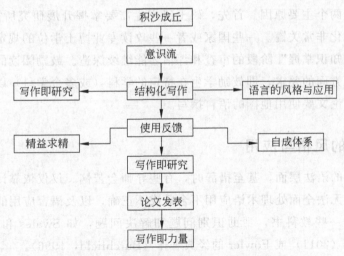

图 9.1　按时间顺序排列的学术写作阶段

在 Carter 和 Laurs 的书 *Developing researing writing*（2018，pp30-39）中，有更加详细的说明。

9.1.1 积沙成丘

积沙成丘只是学术写作初期最肤浅的认识。这个阶段人们对于剽窃、学术严谨性或可验证性知之甚少，仅按大致的顺序记录与主题相关的观点。即便对论文开头、中间主体部分和结尾的必要性有所了解，但对于文化方面的需求也是很陌生的。

9.1.2 意识流

这里我借鉴了一个常用词语——意识流来描述 20 世纪初作家 Virginia Woolf 的写作手法。在这个阶段，写作有了更多的反省和自我意识（同时也渴望有一个舒适的空间来写作）。此时的学生有高度自我批评的倾向，甚至觉得自己所做的准备都不够充分，以至于很难写下去。这标志着后续阶段"自成体系"的开始。

9.1.3 结构化写作

结构化写作阶段人们越来越理解结构的必要性。可能需要了解论文写作的手法，或者需要另一种论文框架。在该阶段，导师或指导者可能会要求你明确每个段落的副标题、章节标题或关键主题。他们还强调保留参考文献的档案和学会使用文献管理系统的重要性。

9.1.4 写作即阅读

鼓励阅读有两个主要原因。首先，硕士研究生需要掌握开展研究所需要的知识量，此时将文献概念化非常关键。一些国家或者一些攻读专业博士学位的规定明确要求，先要经过第一个"知识掌握"阶段的审查和评估才能继续深造。鼓励阅读的第二个原因更多的是文化素养方面的要求，即鼓励学生在特定的学科（或多个学科）以及在不同的国家写作，尤其是论文要使用他国的语言撰写。

9.1.5 语言的风格与应用

当涉及写作的语法层面，甚至措辞时，有些导师会苦恼。仅仅依靠计算机系统判断语法和拼写错误无法全面处理术语应用不合适或不正确，以及语言应用的问题。导师和博士生需要参考一些教科书，帮助识别问题和解决问题，如 Swales 和 Feak（2004）、Strunk 和 White（2011）或 Fowler 的经典著作（Burchfield，1996）。

9.1.6 使用反馈

正如许多人所认识到的，写作通常是社会化的过程。鼓励和使用批判性反馈的艺术是所有博士生都需要了解的。积极地去寻求他人的批评和建议可有效避免出版社拒稿或评审通不过的事情发生。导师和研究生之间的沟通也是非常重要的，往往体现了导师对作品的预期和要求。同样，其他渠道的反馈也很重要（如加入期刊俱乐部或接受同行的评价）。

9.1.7　精益求精

与获得反馈的想法密切相关的是要理解学术写作要反复地重写。有时，这种想法有助于克服与写作障碍有关的恐惧，因为第一次写出来的东西不可能非常完美，这可以让人们心无挂碍地开始写作。Rowena Murray（2011）发表了许多关于写作的观点，他提到写作就是反复修改和重写的过程。

9.1.8　自成体系

这一阶段，研究人员将形成自己的身份认同，并将其与对研究的观点、读者与学术地位的理解关联起来。正如 Kamler 和 Thomson 所指出的那样，身份是多元的（我们的身份是不断发展的），身份是学术成绩的表现。当作者开始接受学科本体论的观点时，他们的学术观点就变得清晰起来。通常开始思考"为谁写作？""想让读者相信什么？"以及"想让读者相信自己提出的哪些观点？"。

9.1.9　写作即研究

在这一阶段，上述所有因素的积累才使你理解了原创知识的建构：作者认为原创知识是循序渐进形成的，还是想法经过重大改革和重构形成的。撰写论文作为研究的一部分，而研究只能以某种方式进行交流才能体现其价值。在这个阶段，需要讨论知识产权、专利、版权和知识共享许可等问题。

9.1.10　论文发表

在博士阶段，"可发表"有很多定义。想要在国际同行评议的期刊上发表几篇高影响因子的论文谈何容易。当讨论共同出版和合著创作等事宜时，正常的写作就变成了一种社会活动。医学界一直在推荐《温哥华议定书》，许多人也将其作为协商合作出版的衡量标准。其中说道：

所有冠名的作者应满足作者身份的资格。每位作者都应该充分参与工作，承担研究内容的公共责任。作者身份的认定应仅基于实质性的贡献：

- 构思与设计，或分析与解释数据等；
- 草拟文稿，或对重要的知识内容进行批判性修正；
- 最终确认出版的版本。

3 个条件都必须满足。仅参与资金获取或数据收集不能被认定为作者。此外，研究小组的监督者不能被认定为作者。作者必须对文章的主要结论，以及至关重要的部分负责。

不同的学科有不同的出版协议。在某些情况下，作者总是按姓氏首字母排名；在另一些情况下，通常认为第一名和最后一名作者的贡献最大；或者第一名和第二名作者可能最突出。理解这些有时是隐性的规则，对于学会协商（和重新协商）自己在作者层级中的位置非常重要。当我们与跨学科团队共同发表时，情况更加复杂。

9.1.11　写作即力量

出版研究成果本身不是写作的全部目标。正如许多研究委员会和伦理委员会要求的那样，必须明确这项研究的潜在用途和影响力。在这里，需要探索该研究改变世界的机会。我们假设研究内容符合伦理要求且非常严谨，那么如何表达和推广就成为关键目标（应适合不同的文化、学科和受众，并清晰表达你的立意）。书面文字的力量远比任何学术会议的演示汇报更持久，它为人们反思和检测创造了机会。写作可以作为终身职业的一部分。

9.2　结合两个框架

表 9.1 描述了研究人员和导师如何通过撰写研究报告和完成博士学业来实现所追求的目标。可能在这个过程他们随时都在寻求这些要素的任意组合，这就是为什么督导和建议反馈是如此有意义和具有挑战性。

从职业角度出发的研究人员会关注要求的字数、格式、文档的表达以及完稿时间（包括是否在约定时间内得到导师的反馈）。

一名注重团队融合的研究生更希望成为研究项目或学术团体中的一员。他们期待参加研讨会、期刊俱乐部和会议，热衷于钻研与其研究主题相关的材料或院系推崇的重要文献。他们热切地希望学生和同事对他们的论文给出反馈。

那些采用批判性思维方式的硕士生有一些与众不同的地方，对他们来说，探究几乎成了一种执念。他们会不断地问自己一个与哲学家 Karl Popper 类似的相关问题："我在哪些方面会犯错？"他们会一直寻找隐藏在书面文字背后的谬误；他们希望找出不一致、有问题的假设，并寻求一条强有力的线索，将所有工作中的论点统一连贯起来。

正如我们之前看到的那样，融入团队与自我革新形成了强烈的对比。这一点在我们观察研究人员在导师的督导下撰写研究报告时显露无遗。从导师那里寻求自我革新方法的学生可能会产生强烈不满，如所谓的人为截止日期、严格的学科规定和强迫在那些"备受学科推崇"的期刊投稿。Cotterall（2011），Hirvela 和 Yi（2008）观察了学生在这个水平上学习学术写作的身份变化，发现这往往是自我革新方法的一个重要元素，而探索学生的写作动机亦是如此（Murray，2011）。在这种方法中，学生需要时间去实践

（这可能会让导师感到沮丧）。这里的困难在于你是否持有这样的信念：广泛的阅读是否有助于你使用新的表达方式来建构一个创新项目？还是在浪费时间和拖延？边写边记录，以得到一些证据来做评估。

在人际关系拓展方法中，学生希望自己的写作受到重视，并就如何应对写作挑战交换意见。表 9.1 总结了学生和指导老师针对不同方法提出的一些问题。

表 9.1　针对督导学术写作的不同方法所提出的问题

职责管理	融入团队	批判性思维	自我革新	关系拓展
是否完成足够的字数或者页数	同学的反馈是什么	论点有逻辑支撑吗	为何这篇论文对你很重要？这篇论文体现了哪些个人价值	导师/学生是否会同意并喜欢所写的内容
什么是正确的格式和表达方式	在备受同事推崇的期刊上发表	论点有说服力吗	怎样让隐含的信息更有力	我能信任合著者的研究合乎伦理吗
能满足截止日期要求吗	引用该学科核心作者的文献	这个论点会被多少种方式反驳或批判？相反的观点是否被证实	这篇论文是如何改变或者挑战作者的	我们可分享哪些经验帮助其他学生赢得挑战

我们可以根据研究者理解学术写作过程的时间顺序来拓展和校验图 9.1 所示的框架。所以，如果你处于第 1 阶段（停留在积沙成丘的写作初期），你可以利用 5 种方法中的任何一种（职责管理、融入团队、批判性思维、自我革新、关系拓展）或 5 种方法的任意组合，来推动自己进入写作的下一阶段。例如，针对某一主题，你给大家带来一篇文章，选自大众喜爱的杂志，并将其与学术期刊的同类主题研究进行对比（融入团队）。

表 9.2 旨在说明 5 种方法的框架如何创建新方法来指导写作。如果你能确定自己所处的阶段，那么你可以浏览该表，获取推动你步入下一个阶段的一系列建议。

学术写作达到最高级的水平是一个成功博士生的重要工作。对许多学者来说，词汇是职业的核心工具。注重如何措辞，以及词汇在学科认识论和本体论上的含义，是创建原创研究项目最令人兴奋的关键部分。

其中每个任务可进一步定义、变化、组合和扩展。所有这些示例以及表 9.3 和表 9.4 中的示例都有助于论文的撰写，可以使学生能够通过写作进行学习。

表 9.2 基于时间顺序对 5 种指导方法的框架进行分析，进而扩展的学术写作方法

	职责管理	融入团队	批判性思维	自我革新	关系拓展
积沙成丘	按导师给出的提示完成简短的写作任务	探索热门文章和学术论文的区别	尽可能多地讨论相应的"时间顺序要素"	利用提示生成该主题的文章	分享你对主题或研究方法的热爱
意识流	5 分钟就某个话题能写点什么	查看某个话题热门作家的文章	鼓励反思性写作（从经验出发）	自由写作（Murray，2011）	讨论自己对学术反思的理解
结构化写作	罗列出一系列要写的标题	查看其他论文和期刊文章的标题。分享审阅专家的报告	分析写作目的与结构安排；提倡精准范式	比较结构化写作与非结构化写作	自己写一篇文章，并揭示其内部结构
写作即阅读	阅读期刊文章	查找并阅读好的文献评述	查看文献综述的结构	了解学生的博士经历	分享阅读和记笔记策略
语言的风格与应用	参加通用写作课程	邀请同行评价你的写作风格及主动互评	分析 Bertrand Russei 等著名作家的写作风格	广泛阅读	大声朗读、分享阅读成果，以便随时讨论关键点
使用反馈	和导师约定：提交文稿前定时征询导师的意见并做好记录	加入期刊俱乐部，在研讨会和其他会议上分享自己的研究工作	在养成批评性思维的过程中探究反馈的作用	讨论从反馈中获得的最大收益。考虑是否使用反馈	分享如何处理以往难以解答的反馈。如何获得口头（面对面）和书面反馈
精益求精	做好时间管理，确保有足够的时间修改论文	了解本领域成功学者的研究生涯	分析一项完整的工作所需要的过程	讨论如何处理倦怠、无聊和失败等问题	共享论文写作和修改的经验
自成体系	是否有重要的学术惯例，例如使用第一或第三人称	谁是这项研究的重要读者，以及哪些内容会对他们产生影响	讨论对于一项研究工作，如何确认其可能的受众是谁	何时是"思如泉涌"式的写作	描述写作时你的见解是如何发挥作用的
写作即研究	制订项目研究计划和时间表	通过阅读学科核心论文来描绘理论思想的演变	了解何为原创性知识	如何形成自己的观点	分享论文的初稿和终稿
论文发表	制订和协商发表计划	讨论院系或学科作者的署名规则，查看可出版的主要期刊	形成论文发表的策略方案	讨论论文发表的重要性	揭示已有研究成果的发表可带来的影响

续表

职责管理	融入团队	批判性思维	自我革新	关系拓展
写作即力量	讨论力量的具体体现。设定目标、制订计划，以实现你的想法	了解所在领域成功人士的职业生涯	探索学者的重要价值	考察自主研究的作用	分享你知悉的伦理问题

表 9.3　EAL 学生初期面临的问题

职责管理	融入团队	批判性思维	自我革新	关系拓展
找专门为国际生提供学术写作支持的学生顾问（有时可以在图书馆找到）。利用曼彻斯特大学学术短语库（Manchester University Academic Phrasebank）等资源	你能用母语和英语来描述你的论点吗？它们有什么区别	比较引言的结构与典型的研究步骤，例如： ● 说明当前研究的重要性。 ● 指出研究的差距或需求。 ● 说明主要发现	评估自己的论文。大声地用英语朗读，然后陈述最有价值的论据。用表 9.4 评估对你而言最重要的部分	寻求一对一教学。对于可能遇到的额外压力保持警惕，并掌握这个技能，必要时请求他人帮忙

表 9.4　学生从学术写作反馈中可能得到的

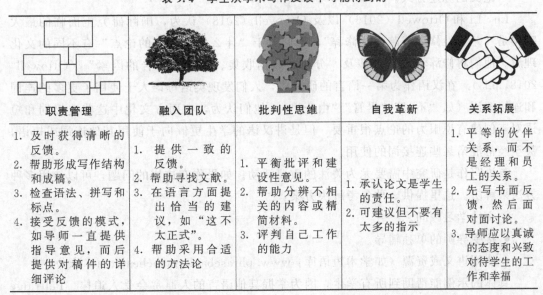

职责管理	融入团队	批判性思维	自我革新	关系拓展
1. 及时获得清晰的反馈。 2. 帮助形成写作结构和成稿。 3. 检查语法、拼写和标点。 4. 接受反馈的模式，如导师一直提供指导意见，而后提供对稿件的详细评论	1. 提供一致的反馈。 2. 帮助寻找文献。 3. 在语言方面提出恰当的建议，如"这不太正式"。 4. 帮助采用合适的方法论	1. 平衡批评和建设性意见。 2. 帮助分辨不相关的内容或精简材料。 3. 评判自己工作的能力	1. 承认论文是学生的责任。 2. 可建议但不要有太多的指示	1. 平等的伙伴关系，而不是经理和员工的关系。 2. 先写书面反馈，然后面对面讨论。 3. 导师应以真诚的态度和兴致对待学生的工作和幸福

在进行研究时，下列任务显示了写作活动的范围，并暗示了"写作"与做研究的不同目的：写作是为了提炼想法，写作是为了找到重点，写作是为了解释研究焦点，写作是为了解释研究本身，写作是为研究提供案例，写作是用来记录想法，写作（如有修改）是提交评估或同行评审的准备。不同的目的需要不同的写作活动。写作静修（作家在同一个地方专心工作一段时间，与其他研究任务分开）被视为此表的单独部分，因为这种静修的方方面面对应不同的方法，这一事实解释了为什么这些方法可以创造如此强大的体验（Murray 和 Cunningham，2011）。虽然在学术写作领域，本章表格介绍的所有活动都很好地建立起来，却不太为人所熟知。

（Lee 和 Murray，2015，p564）

9.3 英语作为第二语言的写作

学术研究，尤其是在博士阶段，越来越成为一项国际性和跨学科的工作。使用母语以外的任何语言都需要对其文化有深刻的理解、良好的记忆力以及付出巨大的努力。据我们所知，不管作者的第一语言是什么，在最高学术水平上，用英语写作都不是让人感到恐惧的任务。然而，能够用第二语言或后期习得的语言写作所获得的文化资本则成为学者的一种重要的优势。

由于掌握了不同的语言和文化，EAL 研究人员将成为更有价值的公民，甚至成为更有价值的雇员。然而，我们特别需要明确写作的一些内容，其中包括：

- 阐述论点的方式。
- 对知识建构与有效性的看法。
- 关于剽窃、识文断字和校对的惯例和支持。
- 论文的陈述方式。

Lu，Li 和 Ottowell（2016）以及 Ottowell（2018）认为，国际研究生面临的最大障碍是"差异性修辞或跨文化修辞"，他们对于"什么是强有力的论点"有不同的文化理解。他们将修辞学定义为涉及"分析、数据收集、解释和综合的因素"（Ottowell，2018，p23）。在汉语作为第一语言的研究中，人们发现英语母语人士使用了更多的连词和连接短语（如"不过""尽管""由于"）。他们认为，在西方文化中这些连接词和短语对于创建有说服力的论点很重要。但是讲汉语的学生更倾向于使用其他连词或短语，甚至经常混淆某些连接词的使用。

英语写作是研究中需要尤为关注的重要活动。如果你有这样的问题，可以使用多种方法来解决。这里提供 3 种参考解决方案：

- 交给学习顾问。
- 接受导师的单独辅导。
- 使用讲义或资源（如学术短语库：www. phrasebank. manchester. ac. uk/）。

具体的示例能帮助到所有学生，因为掌握其他语言的人通常会受人追捧。Paltridge

和 Starfield（2007）提供了从引言到结论按时间先后顺序排列的各种方法。

9.4 研究型论文反馈的好习惯

在表 9.4 中，更详细地探讨了如何寻求不同类型的评价和建议。理解每个问题特别重要，这样才能找到此类建议的最佳渠道。有些选项适合单独讨论，有些选项可与学生小组进行讨论。

学生在撰写研究报告时遇到的常见问题还包括拐弯抹角的写作方式；语法和句子结构不佳；文思枯竭；按照导师的要求修改工作，但没有表现出任何主动性；仅对文献进行总结而不是概念化；在重写时要求过多的帮助；没有在约定的截止日期前提交工作。这些问题中的任何一个都可能出现在国内外的学生身上，但是所有这些问题都可以通过综合运用多种方法加以解决。

9.5 选择出版物

在项目研究期间，国家、大学、学科、院系和导师对撰写论文发表的优点都有不同的看法。通常，如果你真的想找一份学术性工作，那么在你的简历中包含一些发表过的文章会有所帮助，但是有些导师有充分的理由期望学生在论文发表前将精力集中在实际的研究和项目的完成上。在某些小组里，许多人共同参与了一个研究项目，因此发表论文不仅要提供书面材料，还要协商作者的排名顺序。

是否出版以及何时何地出版都需要仔细考虑。看到作品的出版问世极大地激发你的灵感，但是要考虑很多因素。首先是时间和知识产权等要素。表 9.5 列出了许多要考虑的有关出版的选项。不是每项研究都需要找像《自然》这样的著名期刊投稿，有创造性思维的导师将帮助学生在任务的各个阶段进行分析，考虑各种选择。表 9.5 没有按重要性进行排序，但有些出版物显然比其他出版物更适合本科生研究。此表显示了大范围的选项，以及不同类型的读者。无论好坏，每种选择都会对就业能力产生影响，因此我们也需要从这个角度考虑论文的发表。选择视频或声音媒体的学生会对一些企业产生强烈的吸引力，而成功追求学术期刊的人将会提高其对大学或科研机构的吸引力。很多时候都会出现合著的情况，并且从一开始彼此的贡献度、研究内容及排名顺序就成为值得商榷的问题（记住行规惯例或《温哥华议定书》）。

表 9.5 可选择的出版范围

发 表 类 型	关 键 问 题
大学	容易联系到编辑
报纸/博客	更容易了解读者的兴趣

续表

发 表 类 型	关 键 问 题
自己的博客/视频博客	流行且容易设置，但维护耗时。因为读者访问频率低，所以营销是一个问题。学生一旦改变想法，很难撤稿
导师策划的作品集	导师需要管理出版发行及文稿编辑
当地报纸/博客/视频博客	具有现代性，相关性较强，能产生区域性的局部影响，但存在文章寿命受限的问题
全国性报纸/博客/视频博客	具有现代性，相关性较强，可能产生全国范围的影响，存在文章寿命受限的问题
专业期刊	在不同的就业环境中产生巨大的影响
报告	为专业机构、说客、管理公司、政府或政策制定者提供委托报告是将研究结果纳入立法主流的重要途径
会议论文集	在研讨会上宣读后很有用；根据材料的重量级来调整出版物
学术期刊	要花很长时间才能登刊，同行评审可以提高论文质量，有些开创性文章可能寿命很长。合著问题需要慎重考虑，因为对学术生涯的影响可能很大
编著	编辑的章节可为许多读者提供必要的原始资料
著作/专著	比许多其他出版物的寿命要长，有深入研究和拓展思路的空间，但撰写需要大量的时间。自助出版和众筹的机会越来越多，并带来不同的影响

当学生考虑发表研究成果时，要确保一些基本的问题都已解决（Becker 和 Denicolo，2012），如框 9.1 所示。可能至少需要开一次研究督导组会来解决所有这些问题，并且项目的联合导师也应该参加讨论。问题 7 尤为复杂，因为出版计划（在多个期刊或地方出版是长期目标的一部分）要避免受到"萨拉米切片"和"自我剽窃"指控。"萨拉米切片"是指提供的实际信息在两份不同期刊之间只有一些细微的差异；而"自我剽窃"是指作者通过参考和引用以前的作品，不必要地重复已有的研究。

框 9.1　出版前待解决的问题

1. 读者是谁？他们为什么会关心我的研究？

2. 关键信息是什么？

3. 我可以考虑多少种不同的期刊/出版物的类型？每一种的优点和缺点是什么？

4. 这种出版物的审稿人（如编辑）是谁？我是否能从他们那里获得有关结构、格式、时间表以及他们认为可以接受的更多信息？

5. 以前在该期刊/媒体上发表过哪些文章？这是否会影响信息的描述或影响信息本身？

6. 是否有即将出版的特别版本或重要的事件使我的研究及时发表？

7. 在我选择的论坛上发表文章会妨碍在其他地方发表吗？还是要为以后的发表建立一个平台？

8. 该期刊/媒体倾向于哪种风格？

9. 我的目标是多少个字/分钟？

10. 我要写多长时间？它将如何影响我的研究进展？

11. 发表之后对我的简历或未来的职业生涯有何影响？

收到论文被拒的邮件是研究人员生活的一部分。根据退稿的内容，选择将其（或其中一部分）作为重写的指导，或者重新考虑这类工作的受众是什么人。互相矛盾的反馈并不罕见，如果你想要重新提交，那么在重新提交过程中（以一种合理、公道和均衡的方式）向编辑指出矛盾之处，会很有帮助。

本章探讨了研究人员在培养学术写作能力时可能经历的几个阶段，然后将这些阶段与 5 种方法联系起来，这样就可以确定自己处于哪个阶段，再选择合适的方法继续前进。指导老师对于学生写作使用其他语言给出了诸多建议，这里总结了这些建议的关键部分。我们还探讨了项目研究期间或完成之后发表论文的不同方法。第 10 章将论述与联合导师或指导研究团队一起工作时遇到的困境和问题。

补充文献

Sword，H. *Stylish academic writing*．Boston，MA：Harvard University Press，2012.

第 10 章

困境——和导师持不同意见

博士研究生至少配备两名导师,他们扮演不同的角色:联合导师只是在特殊情况或在团队研究的重要部分才进行学术指导。联合导师甚至是你的主要导师但不挂名。有的导师是在不同的校园甚至不同国家工作。对于某些专业博士而言,联合导师是在其他场所工作的外部顾问,不提供学术指导,而是对位于不同场所的数据资源和财务资源把关。这些配置都是你争取权利博弈的机会(Manathunga,2012),博士研究生还需要掌握一门无倾向性的语言和工具,可以探索如何利用自己的优势取得成功。

对于从事研究的学生来说,最令人沮丧的经历之一是发现他们在某个核心关键点与导师存在很大的分歧。当然,这会创造学习的机会,但最好不要演变为研究生与导师的冲突。

在建立信任关系时,"协商角色、期望、时间表和沟通协议"的重要性显而易见(Manathunga,2017,p4)。如果没有这样的协商,那么没有理由但稍欠考虑的行为(例如在团队其他人不知道的情况下为发表文章而写作)可能使整个团队陷入信任危机。一些有弹性的团队可赋予学生一些权力来建立信任。在 10.1 节中我们将探索在指导团队中建立信任的不同方法:协商责任,赋予学生权力,充分利用不同的方法、院系讨论的案例研究以及使用 5 种方法来总结建立和认可信任的不同方式。

10.1 促进研究团队之间的理解:多管齐下

正如之前提到过的,本书用于建立信任关系的最有效的表格是表 7.1。

在有些导师团队中,贯穿本书的 5 种方法是确立导师团队的根本之法。在这种情况下,它可以用来绘制整个导师团队的图表,并查看其优势和劣势。通过使用第 2 章的自我评估调查表(表 2.2),或仅仅是讨论,都可以创建雷达图来直观显示可能存在的差距。

图 10.1 展现了一支近乎完美的团队,其中包括两名导师,一名研究生院主任,一

名研究生辅导员和一名研究员，涵盖了监管的方方面面，但导师 1b 需要意识到，他最大的责任是帮助学生撰写文献综述、培养专业技能和发表出版专业论文（这通常不是研究生院院长的角色——他擅长文化素养的培养，更专注于组织集体活动）。整个团队需要认识到学生在元反思、重构和职业决策方面应得到的支持。

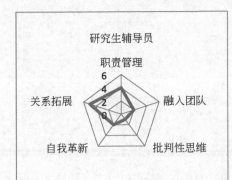

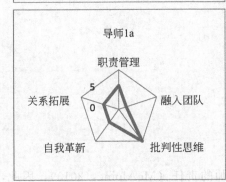
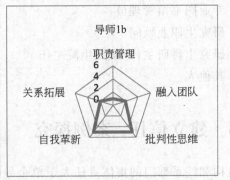

图 10.1 研究生督导小组示意图

10.2 建立和拓展研究团队的人脉

在第 6 章中，表 6.1 列出了一系列可帮助学生做好研究的人员及方法。了解大学中研究生辅导员（秘书）的角色非常重要——他们可以提供巨大的支持，并且通过项目比其他工作人员接触更多做研究的学生。实验室助理、技术员和学科的图书馆管理员也能帮助学生取得成功。与下列关键人物建立良好的关系会为研究生节省大量的时间。

谁可能加入你的学术支持网络

- 主导师
- 第二导师或联合导师
- 业务主管或行业主管
- 专家顾问（包括博士后研究员）
- 研究生辅导员
- 博士候选人/PGR
- 研究生助教
- 实验室助理/技术员
- 专业图书馆管理员
- 研究生职业顾问
- 研究生科研主任/研究生院主任
- 其他人

10.3　建立信任：案例探究

机构和院系部门的集体责任大于单个导师的责任（McAlpine，2013），因此，尽管本章重点关注两个或更多联合导师之间的关系，但应该着眼于更大的范围。院系、学校和教职员工的文化背景也会对学生产生影响，一种公开讨论难题、共享研究问题的文化氛围会使团队更健康。实现非对抗性对话的一种方式是召开导师小组会议，进行以下案例研究。

10.3.1　案例研究 1a：远距离冲突

你的联合导师在数千米之外的另一所大学，你们 3 人很少见面。在最近的一次会议上，你的一位导师告诉你目前为止你的分析过于肤浅。而你却说几周前你与另一位导师讨论，认为你的分析可行。你现在该怎么办？如何避免这种情况再次发生？

10.3.2　案例研究 1b：理论上的冲突

导师们对你的研究所采取的理论方法存在着重大分歧。主导师认为，使用叙事调查法作为采访/讨论工具，可让你发现丰富的材料并进行分析。联合导师在行动研究方面很有造诣，希望你开展一个行动研究项目。他说，这会让你发表更具有影响力的文章。你陷入僵局，需要两位导师统一意见，才知道下一步该做什么。

应对策略

这些都是经常发生的状况，也是学习的机会。距离会使事情变得更加困难、复杂，并且需要一些长期的规划。在案例研究 1a 中，你是否有机会去另一位导师那里拜访学习？表 10.1 中的方法可以帮助你找到答案。

表 10.1　处理矛盾的方法

职责管理	融入团队	批判性思维	自我革新	关系拓展
在联席会议前做好计划，不管是视频会议还是面对面。提前就议程咨询双方。是否有专家可以在分析/研究方面提供进一步的帮助	能借鉴一些成功的研究项目吗？是否有专家推荐这种类型的分析理论使用的范畴	导师们是否来自不同的文化传统？这可以解释差异吗？评审人员的主张的依据是什么	与两位导师同时会面（也可单独见面），并且总结一份代表你研究立场的报告	提出召开联席会议的要求。平和但明确地告诉两位导师，当你寻求他们的帮助时他们意见有分歧，这让你感到困惑

10.3.3　案例研究 2：合著权的冲突

根据自己的研究，你撰写了包含大部分研究内容的文章。其中一位导师提出了一个关键构想，另一位导师帮助你编辑修改了文章的语法和语言问题。现在，你发现两位导师都希望冠名为合著者。你不想惹他们不高兴，但是你不确定这样做是否合适。

应对方案

这是所有情况中最困难的情况之一，但也是学习如何管理的重要途径。你必须熟悉不同学科和不同期刊的规则。现在，有些期刊要求每位撰稿人明确他们的具体工作。如第 9 章所述，如果适用于你的研究工作，《温哥华议定书》（www. research. mq. edu. au/documents/policies/Vancouver. pdf）可能会有所帮助。

解决这种情况的部分技巧是防患于未然。最好的方法是你与两位导师开会沟通，准确概述每位导师对本研究所做出的实质性贡献，并结合学科或院系部门的惯例进行讨论。事先明确作者和共同作者的权利（如果情况发生变化，要重新磋商），"防患于未然"远比"亡羊补牢"更重要、更有效。记住，每篇期刊文章都有致谢部分。如果出现这种情况，你需要咨询负责相关学术伦理与道德委员会的成员。

10.3.4　案例研究 3：很少见面的导师

Pat（名义上）是你的主导师。在过去的 18 个月中，你只见过 Pat 一次。他同意你的所有建议，并签署了年度审核报告。Pat 对你说，虽然你通过考核，而且表现出色，但你交流、讨论的时间还是太短。你应该对此做些什么来改善自己的处境？如果要做，该怎么做？

应对措施

这可能是一个严重的问题，或者根本就不是个问题。通常不错的建议是最好有两名行动力强的导师，但这并不普遍，而且联合导师工作分配方式也千差万别。主导师可能知道的东西远比你想象的还要多，或者他可能疏忽大意了，具体方法见表 10.2。

表 10.2   如何与很少见面的导师相处

职责管理	融入团队	批判性思维	自我革新	关系拓展
与研究生辅导员落实你该履行的所有义务。与负责的导师一起利用甘特图检查是否一切都已步入正轨	与负责的导师一起讨论不同导师的角色。是否有协议表明 Pat 先生只是监督正式程序？要求预评审或者听取另外一名专家的意见，以检查你的工作是否符合标准	得到足够的建议和支持了吗？如果需要更多的建议或帮助，你的选择又是什么？你可以向谁请教这些问题	其他一切进展顺利吗？有问题吗？是什么问题？如果负责的导师不再提供帮助，会发生什么情况？Pat 先生是否只充当紧急状况下的学术指导联系人	尽可能与负责的导师一起工作。请求与你的主导师会面，或与两位导师同时会面。要提前给导师发送材料才能得到你想要的反馈

10.4   建立和评估导师团队的信任

由导师和研究人员组成的学术团队不可能尽善尽美。表 10.3 中关于建立和评估信任的一些提议比其他建议更容易实现。建立和保持信任的每一种方法都将会强化整个研究过程。信任关系一旦被破坏，也许可使用表 10.3 介绍的方法来确定修复的优先次序，以便重新建立信任。

本章介绍了一系列工具帮助由研究人员和导师组成的学术团队一起工作。掌握这些工具需要投入大量的工作，因此明智的导师团队将选择最适合自身状况的工具和方法。第 11 章转向研究生导师可能面临的一些道德困境。

表 10.3 建立和评价诚信的 5 种方法

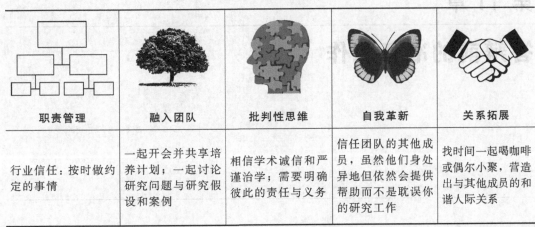

职责管理	融入团队	批判性思维	自我革新	关系拓展
行业信任：按时做约定的事情	一起开会并共享培养计划；一起讨论研究问题与研究假设和案例	相信学术诚信和严谨治学；需要明确彼此的责任与义务	信任团队的其他成员，虽然他们身处异地但依然会提供帮助而不是耽误你的研究工作	找时间一起喝咖啡或偶尔小聚，营造出与其他成员的和谐人际关系

第 11 章

答辩前的准备工作

从某种程度上说，接受每次审查都是一次学习的提升：我们朝着标准不断努力，使论文更加符合评价要求（Biggs 和 Tang，2007）。因此明确如何对工作成果进行检查和评审是研究项目的一个重要部分。而学术判断有时是导致评价环节出错的重要因素，例如一项研究是否对原创知识做出了充分的贡献等（有关资格框架可参见第 1 章中的示例，有关对原创知识贡献的界定，参考下文的示例）。此外，不同机构和国家/地区的审查程序不尽相同，所以需要全面了解。

尽管本章是本书的倒数第 2 章，但其中仍包含了入学手册里提供的一些评价标准，所以最好在提交论文前的几个月内仔细阅读。

11.1　管理好论文截止期限前的最后阶段

现在，大多数的书面稿件都以电子版的形式提交。而提交前的论文查重和校对必不可少，所以必须确保有充足的时间。大多数大学都明确规定学生需要按时提交论文，并且严格按照规定的时间关闭提交论文的窗口，因此你需要尽早提交论文，防止设备和网络问题导致论文提交失败，避免在最后一刻提交论文才是安全的。

11.2　制定不同级别课程的评价标准

大多数教研团队都有一套既定的本科生和硕士生培养的评价标准。评价准则既细化了通用的评分标准又维护了公平。本节将介绍一些论文评价准则示例，尝试制订一个实用的博士学位论文的评价细则。评价标准的内容很重要，如何使用也很重要。

在荷兰，讲授教育科学学士课程的学者研究并制订出了一套评价准则。该准则分为 4 个等级，2～4 级为合格通过。在表 11.1 中节选了第一次修订后投入使用的评价准则（Prins，de Kleijn 和 van Tartwijk，2017）。

表 11.1 教育科学学士的评价准则节选

	2 级-合格	3 级-良好	4 级-优秀
方法介绍	解释问题的重要性，介绍相关文献，定义操作变量	清晰阐述该方法对相关领域的重要贡献。所提供的信息具有可复制性	方法创新，分析课程外的内容
讨论研究结果	研究结果解决了研究问题	考虑结果的局限性	具有原创性以及突出的实践价值
论文组织	条理清晰，结构连贯，准确且使用 APA 引用格式，语言简洁准确	词语、概念及专题研究具有连续性。表格和数字清晰	用英语撰写（论文来自荷兰）
研究过程	遵守承诺，严守期限，礼貌待人。回复并处理导师的意见	寻求帮助、支持和指导，能提出相关的具体问题	提出自己的解决方案。有强烈的自我研究意愿

　　Prin 的团队认为，评分细则可用作教师评估的工具，提高学生的标准意识，并支持同行评价或自我评价。当然，你也可以使用评分细则来评价自己的研究工作，但是 Prin 团队警告，这只适用于在某些情况下的同行间互评，并且需要严格遵守评价流程。

　　硕士阶段可使用类似（却更加复杂）的准则进行评价。表 11.2 是用于评价"高等教育教学"范畴内的送审材料的准则。表 11.2 最初由 Prin 和 Rust 依据高等教育学院出版的文档改编而来（该文档已停止使用）。读者需要进一步修改，以适用于不同学科背景下科学研究的评价。

表 11.2 硕士培养书面送审材料的评价标准

	标　准	A	B+	B	C	不合格
1	任务介绍。书写规范（如字数要求）。表达清晰，拼写准确，语法正确	针对研究主题提出高效且创新的方法。按时提交符合规定的书面材料，语言流畅，拼写准确，语法正确	学位论文主题组织严谨且有逻辑。按时提交且符合要求。拼写准确，语法正确	学位论文组织连贯。按时提交且符合要求。拼写较准确，语法大体正确	学位论文的主题具有逻辑性。基本符合要求。语义清楚，但拼写和语法存在一些错误	主题杂乱无章/不连贯。延期提交且无合理原因。背离规范。表述混乱，错误较多
2	研究目的	全面且生动地阐述了研究的目的	连贯且比较生动地介绍了研究目的	已说明研究的主要目的	研究工作较符合研究目标和主题	无法解决研究问题

续表

标准	A	B+	B	C	不合格
3 研究内容、范围和理论知识	对于深入的专业主题知识有全面/详细的了解，并且能意识到知识的时效性。能创新运用理论	具备与研究主题相关的丰富知识，认识到思想/研究背景/框架的多样性。有见地且能适当选择关键领域的理论	具有学术研究的实践与概念等基础知识，掌握一定的专业术语。合理引用大部分的关键理论	对主题的了解有局限性，能使用部分相关的专业术语。能合理选择相关理论但不能完全掌握	缺乏主题相关知识或滥用专业术语。理论应用不正确或不恰当
4 使用的文献或论据的查阅	在广泛分析、应用及讨论的基础提出自己的想法并加以证明	能够对各种渠道获得的文献和理论进行批判性阅读，并在此过程中形成自己的观点	合理地引用或使用与研究主题相关的文献。使用已证实的陈述性文本	没有对文献进行批判性阅读，文献介绍过于苍白，而且对文献的理解有局限性	要么论据没有参考文献，要么参考文献与研究任务无关
5 课题涉及的学科性与上下文	充分考虑了学科性和复杂的背景。选择恰当的技术	适当考虑学科性及背景，并选择一些适当的技术	能辨别学科边界，定义背景。可使用学科的常规技术	确认背景，但是没有加以考虑	未识别相关背景
6 结论	结论清晰、有理有据，相关理论和文献分析充分，表明了新概念的趋势	对理论和参考文献中的观点做出总结，并加以拓展	得出基于理论与文献的研究结果和结论，论据较充分	论据不充分，不能很好地以理论/文献为支撑得出发现和结论	基于传闻或泛化的内容得出未经证实或无效的结论，或者根本没有结论
7 反思/评价	具有清晰的元认知能力。能够进行正确的自我判断，对外界的看法与挑战充满信心。能够批判性地审视支持结论/建议的论据，包括其有效性	能够认识到自己的优缺点；敢于直面外界的看法并开始形成自己的标准和判断。可以利用多种资源进行反思和评价，并能评价所收集数据的相关性和重要性	过多依赖他人设定的标准，但逐渐意识到自己的长处和短处。能对事件进行反思，可在导师的指导下使用一定的方法评价数据的可靠性	完全依赖他人设定的标准。开始认识到自己的优点和缺点。在导师的指导下使用一定的方法进行有限的反思，只能对部分数据做出较准确的评价	不能做出有成效的自我反思。不能进行评价或未能正确使用评价技术，或评价完全无效

本节的最后我们将给出一些实用的学位论文评价规则和评分标准。该部分选自一个长文档（Lovitts，2007），并且由于其过于普适化，因此需要进行批判性吸收。虽然一些学者认为，表11.3中"优秀"一栏可作为博士阶段学位论文的评价标准，但论文审

阅专家在进入正式评审程序前要对标准进行讨论。

表 11.3 学位论文评价标准及建议

任务维度	优 秀	良 好	合 格	不 合 格
前言	提出一个有价值的研究问题,并指出其重要性和重大意义	提出很好的研究问题	没有明确提出问题	没有陈述问题,或者一笔带过
文献综述	有明确的文献选用标准	对文献选用的标准进行一些讨论		涵盖部分文献。没有考虑文献选用标准
	明确区分领域已研究的内容及尚未研究的内容	对该领域的现状进行了批判性考察,对该领域文献的历史沿革有一些了解		仅使用文献进行研究参考,未讨论相关领域历史发展
	能识别有歧义的文献,综合并提出该领域的新见解	检查关键变量之间的联系。对文献进行概念化处理		仅限于描述,几乎没有对文献进行分析
方法论与研究方法	明确领域中的主要研究方法和方法论。论述基于哲学视角和本体论视角的理解	采用批判性研究方法。讨论研究方法的实用性和学术意义,能理解该方法		未讨论研究方法及其哲学基础
	能使用最前沿的工具、技术或方法。能综合使用多种研究方法	正确并创造性地使用已有方法,并解释选择某种方法的原因	选择适合解决问题的方法,并提供足够的文档	使用了错误或者不合适的方法。研究方法与问题或理论无关。方法存在致命缺陷
结果/分析	结论具有原创性、影响力、先进性和说服力。提供合理的解释并讨论研究的局限性	研究结果真实可靠。生成丰富且高质量的数据	结合问题与理论进行客观分析,但是研究数据太少,解释过于简单	结论分析错误、不恰当或不充分。没有指出研究重点或者没有解释研究结果。做出了不合适的推论
讨论和结论	简洁、清晰,与前言呼应。阐述研究的重要性和所做出的贡献。能将研究工作置于更广泛的背景中	进行很好的总结,将各部分内容联系到一起。讨论结论的局限性,并指明后续的研究方向	总结研究成果,但未说明研究的重要性或未将研究结果置于上下文。后续的研究较含混、不具体	讨论不充分或者错误,与前言部分相重复。不理解研究结果

11.3 如何辨别对知识的原创性贡献

满足 3 个关键要素即可确定研究是原创性的,其中第二条不需要立即阐述。事实上,我们通常要求博士学位论文只需要满足其中的一条即可。根据 Wellington(2013)、Clarke 和 Lunt(2014)以及 Trafford 和 Leshem(2008)的研究,以下这些内容有助于澄清博士阶段所取得的原创性知识的定义。

- 可发表性：指本论文充分考虑到针对该课题已发表的成果，并且值得在同行评审期刊上发表。
- 做出了重大的创新性贡献：意味着该研究提出了重要的、值得借鉴的贡献，例如，发现新的理论知识，发现原本毫无关联的事物之间具有某些联系，建立了新理论或修正了旧观点。该研究通过扩展原有知识建立新的知识，就像在已建好的墙上添砖加瓦；也可能使用原创过程，整合已有的研究，探索该研究对从业者、决策者或理论研究者的新影响；还可能提出新证据、新思想或新理论来修正那些反复出现的问题或争论，而且能够复制早期的研究，将其应用于不同的领域或对不同的样本进行应用。
- 系统性：意味着它形成了一个连贯的工作体系。

11.4　对知识的原创性贡献的不同定义

就不同学科而言，你可能会认为以下任何特征都会成为知识的原创性贡献。虽然一篇博士论文不太可能具有"开创性"或者不足以"改变整个学科领域的认识"，但是进行论文答辩或描述研究工作的原创性时，下列清单是一份非常有用的参考。

- 用新方法处理旧数据/旧情境或者用旧方法处理新数据/新情境。
- 增量式开发或改变。
- 发现了重大研究问题并阐明知识中的不足。
- 被同行认可（论文已发表并经过同行评审）。
- 研究选题稍有偏转。
- 产生新的见解。
- 改变对该领域的认知。
- 研究具有突破性。

Clarke 和 Lunt（2014）对（论文）评审人员和答辩者进行了调查采访，他们认为"原创性"和"知识贡献度"需要加以区分。二者在不同学科中可能有不同的内涵。他们引出了两个较特殊的评审问题：研究人员的诚信原则，以及沟通和捍卫研究成果的能力。

即使在博士阶段，科学工作的评审形式也是多种多样的。在斯堪的纳维亚，公开答辩更像是一个仪式，因为论文进行审查前，在同行评审期刊上发表是必不可少的，而大学的学位论文评审委员会决定是否同意答辩申请。在澳大利亚，因为跨时区出行多有不便，外部评审人员要对论文撰写详细的评审意见。在英国，将安排两三名评审专家对博士生进行现场答辩，答辩时间持续数小时。硕士生和本科生毕业论文答辩，要求对论文做出口头评价。因此，对所有学历水平的学生来说，熟悉评价标准都十分重要。英国的论文审查体系允许进行草创性反馈，如果论文总体较好，可在答辩后、颁发学位证前进行修改、更正。尽管人们对此呼声不断，但是其他系统没有采纳此项规定（Kumar 和 Stracke，2018）。

11.5　模拟答辩的重要性

无论评审系统是否建立形成性反馈机制，模拟演练正式答辩的过程都是研究生管理流程中的重要一环。练习演示、模拟现场答辩或预答辩都可以增强自信。论文提交前，高度重视那些仍需要精耕细作的部分对答辩大有裨益。框 11.1 列举了论文答辩中可能提出的问题。

框 11.1　论文答辩中可能提出的问题

选题/研究动机

(1) 为什么选择这个课题作为你的博士研究方向？

(2) 你是如何进入这个领域的？

(3) 研究过程中，最让你引以为傲的是什么？

对研究领域的理解

(4) 如何将自己的研究与他人的工作进行对比？

(5) 你所用的研究方法的特征是什么？

(6) 如何证明所选方法论的合理性？

(7) 你是如何得出概念框架的？

研究方法

(8) 如何设计你的研究？

(9) 如何将所选的方法与其他方法进行比较？

(10) 为什么将 XYZ（该方法）作为你的主要方法？

(11) 如何选择研究对象/材料/范围？

(12) 如何得出概念性结论？

启发性

(13) 你的研究发现的普适性如何？为什么？

(14) 公众的感知与影响：本研究有哪些用途？

(15) 如何做到研究样本的回溯研究？

(16) 你对学科知识的主要贡献是什么？

(17) 请你对论文做出自我评价。

未来计划

(18) 获得博士学位后的打算是什么？

给学校的反馈

(19) 当导师不在或者退出时：可以利用这个机会评价你所得到的指导。你的评价会反馈给学校。

结尾

(20) 有哪些内容是你在答辩期间没有机会告知我们的？

11.6 使用研究框架做好答辩准备

最后，需要用整体分析的方法（全观法）为答辩做好准备。这包括组织一次模拟口试、答辩或汇报演示，但是面对那些可改变人生的重大评估审查，需要的准备远不止这些。表 11.4 所示为如何利用 5 种方法分析整个流程。

表 11.4　答辩前的准备

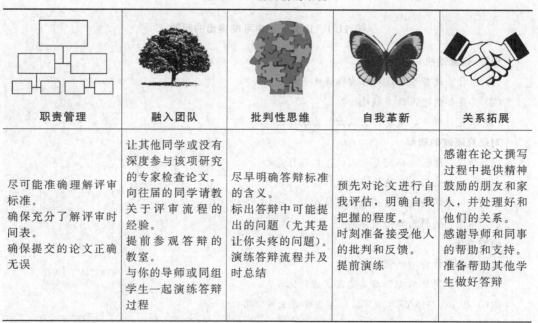

职责管理	融入团队	批判性思维	自我革新	关系拓展
尽可能准确理解评审标准。 确保充分了解评审时间表。 确保提交的论文正确无误	让其他同学或没有深度参与该项研究的专家检查论文。 向往届的同学请教关于评审流程的经验。 提前参观答辩的教室。 与你的导师或同组学生一起演练答辩过程	尽早明确答辩标准的含义。 标出答辩中可能提出的问题（尤其是让你头疼的问题）。 演练答辩流程并及时总结	预先对论文进行自我评估，明确自我把握的程度。 时刻准备接受他人的批判和反馈。 提前演练	感谢在论文撰写过程中提供精神鼓励的朋友和家人，并处理好和他们的关系。 感谢导师和同事的帮助和支持。 准备帮助其他学生做好答辩

本章回顾了一系列用于评估不同学历培养的科研工作的评价准则。仔细研究了使评分更具一致性的系统，以及学生和评审专家为答辩流程做好准备的各种方法。而在最后一章（第 12 章），将着眼于展望未来。

第 12 章

展望未来——何去何从

第 1 章介绍了一些对研究生有吸引力的工作岗位。第 6 章论述了一些可转换的技能，如何通过学术研究明确已掌握的通用技能，以及如何让你的老板理解这些技能。本章是全书最后一章，涉及两个重要的问题：什么使科学研究符合伦理并有可持续性，如何选择并找到工作。

12.1　符合伦理且具有重要的研究价值

如果你的研究经得起时间的考验，并在知识领域做出真正的贡献来帮助他人，那么它必须是"好"的研究，符合规范。世界上，那些伪造数据、采用胁迫或其他不正当手段篡改结果的研究是无立足之地的。

很多失德的研究行径频频曝光，肇事者为此付出了高昂的代价，常常承受耻辱并为此失去了工作。一位德国国防部部长、一名荷兰著名的社会心理学家和一位从事基因研究的美国科学家也位列其中。

一段时间以来，我们致力于探索可经受考验、战胜困境的共同价值观，从而得出解决方案，这一直是社会科学的研究课题。在此我们给出了 3 种类型的测试。

- 真实性测试：研究是否可靠且无捏造、篡改、伪造和剽窃。
- 关于研究内容和研究人员产权保护的测试。
- 社会责任测试。

其他的价值观包括共有、认可、普遍性、有条理的怀疑和无私等，被称为 CUDOS（Merton，1942）。共有是指知识产权的共同所有权；认可是指科学家获得认可和尊重；普遍性是基于客观标准的真理主张，不因种族、阶级、性别或国籍而受到歧视；有条理的怀疑是指批判性思维和同行评议；无私是指利他主义。

一些大学试图专注于其最关心的问题。挪威北部一所享有盛誉的科技大学 NTNU（挪威科技大学）建议重点强调以下原则和惯例。

- 透明度和保密性。
- 言论自由和学术忠诚。
- 可接受性和不可接受性之间的关系。
- 处理利益冲突。
- 抵制学术不端和学术欺诈行为。
- 研究过程：协议和汇报程序。
- 处理导师与研究生之间的关系。
- 数据和个人信息的存储、使用和发表。
- 多学科学术研究的困境。
- 研究项目的批准和通知。

有关科研学术伦理，基于国内、国际和学科规定的指导方针有很多。本章的末尾提供一些相关链接。

12.2　知识产权

谁可以通过研究拥有生成的数据是导师需要明确的一个重要问题。在有些情况下，本科生和硕士生可能拥有自己的数据，但大学可能拥有博士生收集和创建的数据。对于博士生来说，这可能是不受欢迎的意外。如果企业和雇主共同赞助研究，大学会与它们签订一系列知识产权协议。这些协议在一段时间内会约束研究成果的发表，或者限制某些研究人员从事某一特定的行业或特定的项目研究。这通常涉及合同法的约束问题，导师在开始项目之前需要了解他们本人和学生的权利与义务。第 8 章 Taylor 等人（2018）的研究涉及该主题的相关信息。

12.3　伦理审查委员会

多数高校和国家卫生服务机构都设立了伦理审查委员会，其首要职责是预防伤害。获得研究项目的伦理审批已成为一项耗时、繁重的任务。在侵入性临床治疗过程中为防止对患者造成伤害而发明的程序有时会应用于焦点小组的低风险研究。然而，即使是有权获得受试者信息的低风险小组也应该签署文件，表明他们已了解这些程序，并保证数据是匿名的，且准确记录，确保安全。受试者有权知道这项研究的资助情况，以及研究结果会如何运用。大多数研究人员还必须说明，如果受试者对临床试验感到不满或受到伤害，可以在哪里寻求支持（更多信息请参见 Wisker，2012，p182）。这些规定都是基本的程序，如今已成为主流的研究手段，使用时无须花费很多的时间。而有些研究较为复杂，如果揭示试验的目的意味着结论性数据可能会泄露，那么很可能会在伦理审查申请中出现欺骗行为。目前的一些看法是，有些伦理审查委员会的主席比其他人更擅长管理工作，而明智的申请人会在审核结束之前，采用非正式沟通方式咨询伦理审查委员会获取相关建议。

现在，一些伦理审查委员会已认可一种低风险研究的模式，并提供预审核程序（对本科生的研究特别有用），如果申请遵循该程序，通常会通过伦理审核。

无论要进行何种研究，获得伦理审批确实需要花费时间，通常比预期的时间要长，这需要纳入时间表。

12.4　职业规划

本书的最后一部分旨在帮助你回答以下问题：

- 在研究过程中，何时开始考虑毕业后的职业选择？
- 在职业规划中，可以通过多少种方式从大学获得帮助？
- 如何确定自己的优势、劣势、兴趣和选择？
- 该制订什么样的计划？

导师们越来越意识到研究生在研究过程中尽早考虑职业选择的重要性。最好第一年开诚布公地讨论这件事。你需要尽早考虑潜在的职业机会，以确定如何利用研究来把握或扩大选择空间。

你所从事的研究至少在 3 方面对未来的工作起到重要的作用。

- 充分展示你的独立性和解决问题的能力。
- 为交流机会打开大门。
- 面试时可以热忱而博学地谈论你的研究（让面试官相信你的研究与从事的工作息息相关）。

你可以用不同的方式考虑职业生涯。本节的一些材料取自 Carter 和 Laurs（2014，p141，145）。我们从研究指导的 5 种方法来看待这些方式，如表 12.1 所示。

博士毕业生可能从事的职业清单

- 研发经理
- 研究人员
- 职能经理，例如在市场营销和生产等职能部门工作
- 政策研究人员和行政经理
- 职业或行业培训师/讲师（包括研究开发人员和职业顾问/教练等）
- IT 和专业技术人员
- 公共事务/科学研究的专业人员

表 12.1　创造职业机会

职责管理	融入团队	批判性思维	自我革新	关系拓展
机构是否有专门的研究生职业顾问？ 有哪些在线求职工具？ 有模拟面试吗	可以与往届毕业生谈论职业选择范围吗？ 愿意了解导师的工作关系网，并开始建立自己的人脉。 你有什么工作经验	研究当地、国内和国际的模式。机会在哪里？ 探索所有的职业选择，包括本专业学术领域、学术相关领域、非学术研究岗位、专业岗位、慈善机构、商业机构、公共服务相关的机会。 收集招聘广告和岗位描述，并与自查问题的答案进行比对	通过回答以下问题来检查自己的兴趣、优势和劣势： 1. 你擅长什么？ 2. 你的兴趣、动机和价值观是什么？ 3. 大学里你最热爱的事情是什么？ 4. 你想要什么样的生活方式？ 5. 你希望从职业生涯中获得什么？ 确定对你起作用的标准，并完成决策图（参见表 12.2）	研究认识的人或同事的职业道路。询问他们做出决定的缘由。 导师审阅你的工作申请表，并与你分享他们的面试经验

- 教师
- 记者/编辑

3% ～ 4% 的受访者提到的其他职业包括工程专业人员、卫生专业人员、高级管理人员、办公室职员、管理顾问和分析师（Haynes et al. ，2016）。

尽管挪威的大多数博士毕业生都已就业，但即使找到了工作，签订的短期合同仍然存在问题（Thun，Kyvik，Olsen，Vabo 和 Tomte，2012）。

12.5　撰写履历

实习或影子练习法仍然是了解你是否喜欢特定环境中工作的绝佳方法。在求职时，拓展和利用广泛的人脉是非常重要的。高校里大多数的职业顾问都会在你申请工作时提供专业支持，将所有工作申请集合到一起，但总体来说，有 3 种类型的个人履历可供选择。

- 学术履历，包括教育经历、奖项、出版物、会议论文和主题演讲、项目、院系学术活动、教学、培训和就业总结。

- 时间顺序型履历，包括教育、就业、其他活动（演讲、教学和院系活动）、培训和专业认证、推荐人。
- 基于胜任能力的履历，包括个人简介、专业技能、教育背景、就业经历、其他活动、高等教育教学和院系学术活动、推荐人。

12.6 长期就业前景

博士毕业生的长期就业前景往往在毕业 3 年后才能进行衡量。这项研究强调了博士研究对研究人员、企业和社会的主要价值。有充分的证据表明，博士毕业生具有相对较强的就业能力和价值。与拥有硕士学位的人相比，拥有博士学位的研究人员存在收入溢价效应，但研究同时警告称，签订短期工作合同的博士和有在站时间限制的博士后都存在经济收入的问题（Mellors-Bourne et al.，2013）。

12.7 学术生涯的追求目标

第 9 章探讨了论文出版问题。随着教学档案的开发，这被认为是踏上学术生涯阶梯的第一步。然而，在许多学科和许多国家，虽然并非不可能，但成为教授的机会确实是有限的。如果你有志向，则需要知道自己所面临的处境。北美有更多的教授岗位及其他不同的岗位。在德国以及瑞士和波兰的某些地区，一位讲席教授会非常有权威；在英国、爱尔兰和北美，院系层次结构则更加扁平化。法国颁布了一项计划，为 28～38 岁的学者提供永久职位。一些欧洲国家/地区要求通过国家教授资格考试（Habilitation）[①]或具备同等学历（如博士后），然后才考虑担任教授职位。在任何一个国家以学术研究为职业都需要坚持不懈，但是在某些学科和国家会有更多的机会（Else，2015 年）。

在英国，有一项协议支持研究人员的职业发展。许多资助机构、大学、协会和政府团体都签署了该协议。签署方支持研究人员的聘用和评估，促进多样性和平等，并承诺在增强研究职业的吸引力和可持续性上进行监管（Vitae，2008）。

Ron Barnett（2000，2004，2009，2018）的许多著作从哲学角度审视了大学的作用，为世界打开了一个有益的窗口。Shelda Debowski（2017）的建议更实用。她的书主要是关于学术发展的，但涵盖了学术职业周期的不同阶段、不同类型的教学和研究型角色以及项目管理。指导研究的 5 种督导方法可以帮助我们在这里厘清一些机会，如表 12.2 所示。

[①] Habilitation，即**"德语国家教授资格考试"**，是在大学某一教学科研领域里通过特定的学术考核程序对某人能否被"赋予授课权"（拉丁文 facultas docendi）的鉴定形式。

表 12.2　以学术为志向

职责管理	融入团队	批判性思维	自我革新	关系拓展
确定"在高等教育教学领域任教",并为选修这些课程的学生提供支持	达成指导协议,鼓励拓展人脉	随着时间的推移,对你所在学科的学术岗位进行市场分析	尽可能多地调查研究机构、单位里的角色、职业道路和未来的研究领域	与导师和其他学者讨论职业道路
了解一些学术类个人履历样本,研究其典型的招聘程序	支持尽早发表论文,参与资助项目的申请	在其业务领域,其他人如何才能取得成功?成功的学者还具备哪些特质		与其他愿意提供建议的朋友和同事交流

12.8　创业型研究人员的角色

为了迎合投资和职业生涯需要,一些大学将注意力集中在鼓励毕业生创业上。大学与各种机构合作建立企业孵化器(例如,布里斯托大学与当地企业和地区大学的"合作伙伴关系":www.bristol.ac.uk/business/resources-facilities/grow-business/)。

Walsh、Hargreaves、Hillemann-Delaney 和 Li(2015)发现中英两国在 STEM 项目工作的博士生对"创业"一词持有不同的态度。中国学生认为创业是一项更有价值的尝试,以积极的态度建立人际网络和多元化的朋友圈,并与社会各界和工商业的发展相联系。英国博士生更有可能对创业持消极态度,并将其定义为商业利益。接受调查的人中,预计未来他们的样本中有近 80% 的中国博士生(总数为 114)参与创业活动,而英国的这一比例为 28%(总数为 146)。

笔者担心"由于一些英国研究人员对创业持消极和不切实际的看法,他们可能会错过或拒绝创业带来的职业机会"(Walsh et al.,p13)。另一个担忧是,对工商业的需求持消极态度会导致政府或企业减少对博士研究工作的资助。

这种对创业的关注也反映在 Vitae.ac.uk 专门创建的透镜式框架中,以探索研究人员具有的可以应用于创业者的属性。它们被称为"企业透镜视角"(如图 12.1 所示)。它强调了诸如维持利益相关者人际关系的能力,支持知识转换,对知识产权背后原则的掌握,以及财务管理和适应力等。

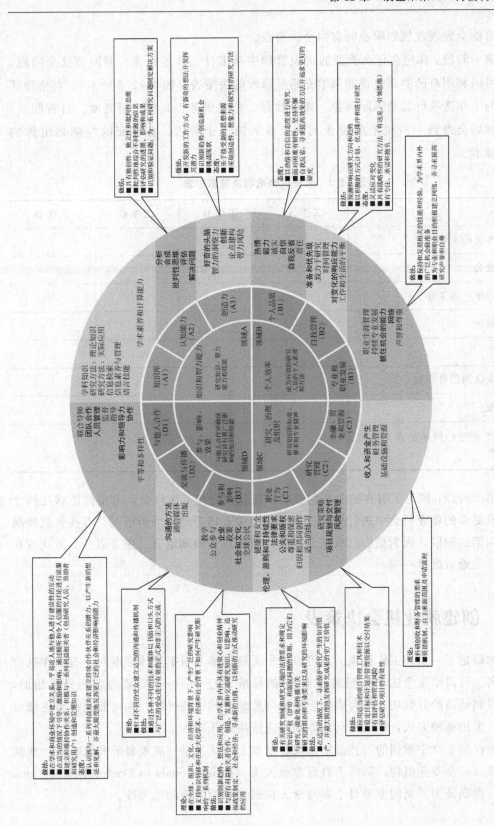

图 12.1 Vitae 研究者开发框架的企业透视视角

你可能会发现在规划职业时有两个决策点。

- 第一阶段：你想在什么类型的组织管理中从事什么样的职业？要回答这个问题，可以利用自己的研究技能来填充略经修改的决策表（如表 12.3 所示）。表格顶部的工作选项可能是国际商业、高等教育、公共服务、高校、研究所、自营职业。然后会得到一份机能的企业列表，步入第二个阶段，在页面的左侧列出你的标准。

表 12.3　就业机会选项决策草案表

	工作 A	工作 B	工作 C	工作 D
对工作本身的兴趣程度				
未来的机会				
与好的同事一起工作				
足够的报酬				
工作地点				
单位有我认同的价值观				
其他事项				
根据每项重要性简单给出总分或等级排名				

- 第二阶段：确定了潜在的入职企业后，在其中寻找工作机会，希望你能够在两个或更多的就业机会中进行选择。第二个决策表将帮助你分析情况。有些人直接跳到第二阶段，因为他们已有从业经验，或者确切地知道自己想要以什么方式或在什么地方度过一生。

12.9　创建就业机会决策表

当你确定了一系列工作选项后，可以标出关键标准并根据这些标准对所有工作机会进行排名。可以给每个选项按照满分 10 分的标准来打分——只需要将各列分数相加，就可以得到最高的分数项。填写表格会使你细致地评判这些标准，你可能会得出更细致的结论。无论哪种方式，该表格会让你顺利完成决策任务。

正如在第 6 章中看到的，技能培训现在基本上被认为是一项重要的开发事宜。在欧洲各地成立一个专业机构，即博士教育专业人士（Professionals in Doctoral Education, PRIDE）再次证明了新的业务骨干参与全方位通用技能培训的重要性。

12.10　职业展望——超越未来

在这个不断变化的全球化时代，我们培养硕士研究生成为领军人物。他们中的大多数人不再继续从事学术研究：有些人以教师或学者的身份进入教育领域，50%的人进入其他公共服务或商业领域（Ball，Metcalf，Pearce 和 Shinton，2009）。在这个瞬息万变的时代，我们需要更多有青云之志的本科生和研究生。

本书的主题是聚焦如何培养具有全球竞争力的本科生或研究生。概述一下需要熟练掌握的技能：设计研究项目的能力，分析和学术写作的技能，针对某一特定主题发现、吸收和综合海量信息的能力，用符合伦理的方式管理项目的能力，以及清晰地呈现研究结果的能力。这些是我们期望每个学生都具备的技能。建议你打下更广泛的基础，拥有更高的抱负。

我们的研究生需要理解理论知识，特别是在本学科和其他学科中的释义；还需要了解知识在不同的社会是如何被创造和使用的，如社会学和政治学领域中的知识创造。

从事跨学科研究的学生如果遇到只习惯于某种思维方式和某个备受推崇的研究方法的学者，会遇到真正的麻烦。研究生需要对研究工作中出现的学科问题和伦理问题进行预测、分析和理性判断。可以说，每个研究生都要有一定的法律基础，这样才能了解不同国家或地区的合同以及对知识产权的看法。

本书认为，正是具有研究能力的研究生将构成未来领导者的人才库。因此，制定战略愿景，至少预测你的研究影响力，并学习如何影响政府、企业和志愿者服务部门变得非常重要。例如，首席工程师需要面对研究工作涉及的伦理问题，如果他们的研究造成了环境破坏，他们会觉得有义务进入跨学科领域进行生命周期的分析和环境研究。他们还需要展望自己的未来，并询问如何建构自己的能力，继续已经开始的重要研究。

在某些情况下，充满抱负的领导力列表更倾向于能使用多种语言、成就斐然的通才，而不是只想在实验室或计算机前工作的替补研究员。虽然我们需要有出色研究能力的杰出人才，但也需要才华横溢的应用开发型人才，这正是迄今为止常常被低估的专业博士的用武之地。在最近一次关于未来博士教育的研讨会上，我们可能会问"跨国研究"是新型的"跨国教育"吗？我们在这本书的开头提出了一个问题："这样做值得吗？"从事教育行业是有机会成本的，但明智地用开放的眼光看待未来，从事一个实质性的研究项目无疑是成为某一领域专家的难得机会。培养解决问题的最高技能，学习如何开始全新的工作，以及与来自世界各地的同行合作，都是社会需要的技能。如果能运用所有这些技能使整个过程"值得"，那么你的人生将更有意义、更精彩。

12.11 学术伦理问题的相关资料

1. 国际协议

- 欧洲科研诚信行为准则（修订版）（Allea European code of conduct for research integrity（revised ed.））。

www. allea. org/wpcontent/uploads/2017/03/ALLEA-European-Code-of-Conduct-for-Research-Integrity-2017-1. pdf

  - 关于跨界科研合作中科研诚信的蒙特利尔声明（Montreal statement on research integrity in cross-boundary research collaborations）。

www. researchintegrity. org/Statements/Montreal%20Statement%20English. pdf

  - 科研诚信新加坡声明（Singapore statement on research integrity）。

www. singaporestatement. org/

  - 维护科研诚信协约（Concordat to support research integrity）。

www. universitiesuk. ac. uk/highereducation/Documents/2012/TheConcordatTo-SupportResearchIntegrity. pdf

  - 温哥华出版协约（Vancouver rules on publication）。

www. icmje. org/icmje-recommendations. pdf

  - 挪威科技大学约法十条（The ten focus points（NTNU Norway)）。

www. ntnu. edu/ethics-portal

2. 瑞典研究伦理机构

- www. eurecnet. org/information/sweden. html。
- 法典：研究规则与指南。

www. codex. vr. se/en/index. shtml

3. 挪威研究伦理协会

国家社会科学和人文研究伦理委员会（National Committee for Research Ethics in the Social Sciences and the Humanities，NESH，），挪威国家医学健康伦理研究协会（Norwegian National Research Ethics Committee for Medical and Health Research，NEM），国家科技伦理研究学会（National Committee for Research Ethics in Science and Technology，NENT），涵盖医疗卫生、科学和技术、社会科学、法律和人文科学、人体、互联网研究等领域。

www. etikkom. no/en/ourwork/about-us/the-national-commission-for-the-investigation-of-research-misconduct/

附录 A

框架背后的理论基础

A.1 框架背后的理论简介

在第 2 章中,我们已初步了解研究方法的框架。这里将介绍每种方法的理论背景,而且现在许多高年级学生开始真正理解为什么该方法适用于他们的研究。

每种方法背后都有不同的核心思想。职责管理背后的核心思想是述行性:明确的期望目标、合理的时间安排、量化的研究成果、好的方案和计划。这些清晰的路标的优点在于能够非常明确地判断工作是否"步入正轨"。同时,正如我们稍后看到的,还需要考虑其他的质量衡量标准。"职责管理"作为一种方法,在研究生管理中占有重要的地位。而我们熟知这种方法更多应用于组织发展、企业管理、会计和经济学的一些分支领域。为了确定一项研究结论或研究行为是否属于这种方法,应该看它是否与实现具体的目标有关。

融入团队的核心思想是归属感。对于那些珍视这种方法的学生和导师来说,他们有明确的目标意识,愿意成为团队的一员。归属感的理论基础是社会学和认识论。为了确定某研究结论或研究行为是否属于这种方法,我们要看其是否考虑将人员纳入研究中。

批判性思维背后的核心思想是学术严谨。它不仅仅是"这项工作是否符合相应规定",还涉及"这项成果或作品是否经受住规定的检验",在理论哲学和科学上是否合理,或论证中是否存在未识别的缺陷。为了确定某研究结论或研究行为是否属于这种方法,要看它是否进行了有意识的批判性分析和评估。

自我革新背后的核心思想是自主。在这里,衡量成功的不是外部目标,而是个人成长。自我实现常常被描述为突破目标,其理论基础来自人文主义心理学。为了确定某个结论、研究行为或过程是否属于这种方法,看其目的是否涉及发展其他方面。所以,在批判性思维下,论点是最重要的;而在自我革新视角下,独立人格的发展是最重要的。

关系拓展背后的核心思想是爱。这种爱是"圣爱"(来自希腊语:一种无私的善行)。友爱和共情是重要的美德,这种理论上的认识源自围绕社会心理学和德性伦理学分支的工作。为了确定研究结论或研究行为是否属于这种方法,我们看它是否真正无私。表 A.1 总结了一些指导研究的关键要素。

表 A.1　框架的核心价值观和理论背景

	职责管理	融入团队	批判性思维	自我革新	关系拓展
核心思想	述行性	归属感	严谨	自主	圣爱
人们寻找的目标	确定性；清晰的路标；进步的证明	目标意识；职业发展方向；榜样	以新方式思考的机会；在论证中分析和识别论点缺陷的能力	确定方向、发现对个体有益的框架的机会；自我实现	友爱；共情
理论基础	组织发展学；经济学	社会学；认识论	理论哲学；科学逻辑	人本主义心理学	社会心理学；美德
意图确定	实现目标	包容	分析	发展他项	利他性

A.2　导师角色和学生需求之间可抉择的模式探索

现在有许多指导研究生的模式。Gatfield（2005）以 Blake 和 Mouton 的管理网格模型为基础，并通过与导师的 12 次深度访谈来验证他的研究成果。他提出了"支持度"和"结构体系"两个轴，并认为在支持度不高和结构体系不烦琐的地方，学者的管理风格是自由放任的；而在支持度高和结构体系较烦琐的地方，导师指导的风格偏严。自由风格意味着学院给学生个人提供了很高的自由度，让学生自己管理项目的结构体系，而主管型风格则相反。Gatfield（和我一样）认为没有任何一种方法是绝对正确的。

从 Gatfield 简化的总结中可以看出，它没有明确地解决批判性思维的问题。而且其他术语能否直接叠加在框架上也值得怀疑，例如"低结构体系"术语和本框架中的"自我革新"本质上并不相同。

Murphy、Bain 和 Conrad（2007）通过对 17 名工程学导师及学生（共 34 人参与）的访谈，提出了一个四象限矩阵，其中一个轴着眼于指导和控制，而另一个轴是人员和任务重点。Murphy 和她的同事还观察到，指导模式与教学信念有关，该观点为本书提供了有力的支撑。

Murphy 对模型所创建的每个象限都进行了详细的描述，并分析了许多因素，包括导师角色、学生角色、研究结论、所做决策和关注重点。另外，如果我们将本书的框架与 Murphy 等提出的四象限矩阵（见图 A.1）中的轴进行对比，就会看到一些差异。在

Murphy 的模型中，存在职责管理和批判性思维两种方式的融合。

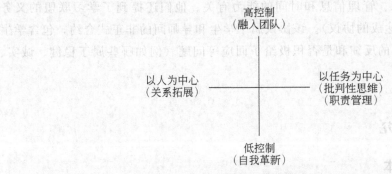

图 A.1 Murphy 等提出的模型与 5 种方法的对比

在该例中，指导的核心任务（形成批判性思维）和学校的培养责任（在保证质量的前提下按时完成）之间存在着融合。在与 Gatfield 模型比较中也持有类似的保留意见，如术语"低控制"与"自我革新"，"高控制"与"融入团队"之间的一致性。

这两个模型与本书中提出的框架形成了有用的对比，四象限矩阵更多限于分析方面。而本书提出的框架是多维度的：它用 5 种方法分析了大量的因素（如价值观、自由独立到依赖性、培养创造力、授课和培养计划的设计）。我的建议是，对导师和研究生来说，这些要素应尽可能通俗易懂。

第二种常提到的方法最初是由 Acker 创建的，他提倡"技术理性模型"（目标是培养独立型研究人员、学术创造力或高效工作能力），与之相对立的模式是"协商指令模型"，"在研究过程中有许多未言明的操作，师生之间的期望随着时间的推移经过协商后会发生改变"（Acker、Hill 和 Black，1994）。这种方法使指导或管理变得困难，本书后面将其与职责管理联系起来。

Grant 等研究人员使用了少量的指导硕士生和博士生的案例，分析其对话，描述了黑格尔"主从制"或"学徒制"模式的动态影响（Grant，2005，2008）。研究重点从"导师—学生"的二元关系转移到"社区实践"模式所隐含的实践（Lave 和 Wenger，1991），而实际上，这提供了一种"去中心化"的师徒角色模式。Lave 和 Wenger 的研究在强调教与学中隐含的社会学问题方面产生了巨大的影响，他们探讨了帮助（或不帮助）学生通过合法的外围参与，理解和掌握完全融入学术团体所需要的隐性知识。在教学和指导的"融入团队"方法中进一步探讨了这一要素（见第 4 章）。

Lovitts 认为，创造性工作所需要的要素是领域相关技能（智力和知识）、创造力（思维方式和个性）和任务动机。她还指出了学生所处的微观和宏观环境，并认为微观环境（特别是学生与其导师之间的关系）是最重要的（Lovitts，2007）。

Halse 和 Malfroy（2010）将对博士生的指导重新定义为专业型研究工作，并从概念上将其与亚里士多德所提出的知识美德联系起来，其中包括智慧、知识和技能。智慧（即思维习惯）融合了批判性思维和实践行动；知识（通过反思和思考获得的理论知识）

是通过发表文章和学术论文富有成效地参与学术交流获得的；技能则是与论文写作、学术交流、使用学科资源、管理信息和时间的能力有关。他们还提到了学习联盟的义务（特指学生和导师之间达成的协议）。该协议属于学生和导师间的非正式合约，包含学生是否愿意接受研究指导的反馈和是否积极给予回应等问题（例如哪些属于稳健、诚实、温和的回应）。

A.3　本书的研究

A.3.1　方法和样本

本书已经使用了各种方法来探索所提出框架的普适性以及每种方法生成信息的可接受性、广度和深度。有些方法源于传统的定性研究。最初的学术访谈是在英国的一所研究型大学展开的，随后对美国哈佛大学和英国其他研究型大学的学者也进行了采访。此外，还添加了一些经验元素：2007—2011 年，在瑞典、爱沙尼亚、丹麦和英国举办了多次研讨会。同期，对学生进行了访谈和小组讨论。2008 年的教学会议上举行了一场信息发布会。这项研究按照英国心理学会的《实践守则》(British Psychological Society's Code of Practice) 进行，且得到了英国大学伦理委员会的批准。

本书与许多其他作者的研究相比，最显著的区别是受访者在理工科和社会科学之间的分布较为均衡，而其他人的研究则更多地关注艺术与人文科学领域（例如 Grant，2005；Wisker，2012；Hockey，1994，1996）。

A.3.2　第一阶段：定性访谈

框架首先是通过对 12 名英国学者和 20 名学生（男女未必均衡）的小组访谈分析而建立起来的。学者样本具有针对性：采访了来自各个学科的优秀导师。有 4 名女性学者和 8 名男性学者。学生样本是随机的，包括来自软硬件应用学科和纯软件学科的硕士生和博士生。

框架通过进一步的访谈得到了扩展和深化：哈佛大学的 3 名导师（他们被称为"顾问"）都是男性，来自软硬件和应用学科。随后在英国对更多的女性学者以及从事人文、艺术的研究人员进行了采访，以使受访者性别平衡。在半结构化访谈中，向每位受访者提出了一些核心问题，随后进行了跟踪调查，并针对受访者提出了一些理论性的问题（Cousin，2009）。

这一探究包括通过询问调查对象是否认为某一观点具有普遍性来检验其显著性，还有一些与教育学相关的假设性问题。对模棱两可的问题做进一步调查，在分析数据之前已核对每位受访者的访谈记录。

和研究生举行了焦点小组会议，对他们进行访谈，并以类似的方式进行分析。在会议讨论、教学研讨会、审查研究方案会上，学生受访者对本书的研究做出了巨大贡献。

所有受访的学者都被同事或学生推荐为"优秀人才"，甚至有时师生都会推荐。这些采访都有录音和文字记录。寻找内在因素时，先对文字记录进行整理并按主题分析归类。最终，将这些数据划分成 5 个领域，正是学者的专业自我和个人自我之间的张力使这些领域成为一个整体。

采用不同方式对文字记录进行整理。最初，根据数据创建了主题（因此生成了框架），然后根据某些问题（如独立性和创造性）进行抽象概括得出一些结论，并相互比较。

A.3.3　第二阶段：问卷调查

我们在英国和斯堪的纳维亚地区的 5 所研究型大学举办了研讨会，并要求参与者用李克特量表对每种方法进行评分：

- 对其实践的重要性（显著性是指在统计学上具有显著性差异）；
- 实践中该方法的应用程度（基础理论和应用理论，Argyris 和 Schon，1974）；
- 某具体方法的熟练程度（发展机会）。

在确保机密性和匿名性的前提下，分析了 55 份问卷。这些问卷的目的是比较各种学科指导管理的方法。

为了评估数据整体上是否具有内在一致性，以及每种方法是否具有内在一致性，将其输入 SPSS，计算了 15 份问卷项的克伦巴赫（Cronbach）Alpha 信度，其结果为0.775。每种方法也同样使用了克伦巴赫 Alpha 信度，5 种方法中的 4 种是可接受的。

职责管理的得分为 0.156，可靠性非常低，可能是因为职责管理这个方法被某些人视为业务管理或行政管理的工具，因此，他们会使用这种方法却不重视（这一观察结果在探究该框架的研讨会上得到证实）。其余的克伦巴赫 Alpha 信度的分值为：融入团队，0.717；批判性思维，0.547；自我革新，0.833；关系拓展，0.685。由于样本数量较少，因此无法概括学科之间的差异，但是如有大量样本可以复制此结果，建议（在研讨会之后）导师辨别这些方法的差异，而那些来自纯理科的导师可能更容易抓住发展机会，强化批判性思维、融入团队和改善团队关系等手段。

A.3.4　第三阶段：互动式会议

机缘巧合之下，我们通过 35 位学者的样本考察了学科、知识观念和指导方法之间的关系。这些学者参加了一次教学活动，根据自愿原则，标明其所属学科，包括硬学科、软学科、纯理论科学和应用科学。随后，他们通过在海报上贴上不同颜色的标签来标识自己喜爱的指导方法。这是一项公开行为，我们需要进一步检查这样的活动方式是否使调查结果失真。除了 Biglan（1973a，1973b）提出的观点和原创研究之外，也有学者提出了新的方法和不同的见解。

两位学者发现很难用 Biglan 的分类来标识自己的学科。但是，他们也承认他们的研究跨越了两个学科类别，而他们乐在其中，最后将他们的数据归为"重复计算"。

A.3.5　第四阶段：研讨会

在英国、瑞典、丹麦、爱沙尼亚的研究型大学以及欧洲或其他国际会议上，为10～60名学者举办了研讨会，学术团体利用这一框架探讨如何解决学术研究、学生指导和教学难题。随后的采访，以及与其中一些学者的通信表明，以研习方式使用该框架可以产生强有力的启发性作用，并使学者在解决这些难题时更加自信。这些对话中讨论的难题参见第10章。

为寻找学科差异，笔者采用了Biglan（见表A.2）提出的、并由Becher和Trowler（2001）完善的二维学科特征模型。有些学科正在跨越学科界限，"重复计算"可证明这一点。

表 A.2　学科特征与高校院系设置及产出的关系（选自 Biglan 1973a，1973b）

	硬　学　科	软　学　科
	研究内容和研究方法有相似的范式。合著者越多，对研究的影响就越大。以客观世界为研究对象。结果更客观	研究内容和研究方法有相似的范式。研究更加独立。以关系为研究对象。结果更主观
纯理论科学	生物化学，植物学，化学，数学，微生物学，物理学，生理学	舞蹈，英语，语言，语言学，政治学，哲学，心理学，社会学，神学、翻译、音乐
应用科学更多的时间花费在服务活动上	计量经济学、工程学（包括化学、土木、结构、电子、材料等）、计算机科学、环境科学、食品与营养、医学、空间技术	商科、会计学、金融学、经济学、教育学、教育发展学、法律，管理学（旅游公司、零售和酒店）、护理和保健

对表A.2进行了修改是因为某些学科已经调整了研究重点，例如经济学越来越注重数理推导，因此计量经济学已被列入"理论应用"类。

A.4　有关5种方法的最新研究

A.4.1　澳大利亚

澳大利亚国立大学（Australia National University）的一个心理学家小组在澳大利亚进行了一项调查，他们采用创新的CBC方法（Choice-Based Conjoint，基于选择的联合分析法）调查导师不同的指导方法对澳大利亚研究生的重要作用。有14名学生攻读硕士或博士学位，他们来自不同的学科，有 7 人来自心理学，其他人则来自国际关系、考古学、医学、经济学、历史学和人类学等学科。结果表明，学生更喜欢那些愿意维护关心/支持师生关系的导师，而不是那些更严格地关注研究重要功能的导师（Roach，Rieger 和 Christensen，发表中）。

分析表明，接受调查的学生将批判性思维和团队融入列为第一要素，其次是关系拓展和自我革新，而职责管理的优先级最低。在年龄和学习时间上，男女学生的偏好没有差异。但是，有人建议，来自艺术与教育学院的学生比来自科学与技术学院的学生更重视融入团队和关系拓展。这并不是令人惊讶的发现，因为许多艺术和教育专业的学生更多是在孤立的环境中从事研究，而科学和技术专业的学生往往是实验室团队的成员。这表明，从事艺术和教育研究的学生需要更多地参与部门的工作，并建立人际网络（融入团队和关系拓展）来弥补这一点。

A. 4. 2 挪威

2016 年，Shalfawi 在斯塔万格大学（University of Stavanger）开展了一项针对学生培养计划的调查，对博士生的方法偏好进行了另一项调查。Shalfawi 的样本为 59 名学生（共采访了 282 名学生，回复率为 21%）。这些回答经过了大量的统计检验，下面引用了他的调查结果（该结果已经过授权）。

首先使用 Shapiro-Wilk 检验和 Kolmogorov-Smirnov 检验评估样本（答案均无正态分布（$P < 0.05$））。将 Kaiser-Meyer-Olkin 检验的可接受指数设置为 $P > 0.6$。然后采用 Sphericity 的 Bartlett 检验进行评估，以衡量该项研究所收集的答复的有效性和适用性，并且将 Sphericity 的 Bartlett 检验的接受度设置为 $P < 0.05$。其次，通过 Cronbach 的 a 系数对问卷内部一致性以及问卷子类别进行判断。然后进行 Kruscal-Wallis 检验和 Dunn 多重比较检验，以考察博士生的指导优先顺序和男女生的偏好差异。为了确定差异的大小，计算了影响因子的大小（Cohen's d），并将影响因子划分为 3 个等级，分别为小（$d = 0.2$）、中（$d = 0.5$）和大（$d = 0.8$）（Cohen，1988）。$P \# 0.05$ 时认为差异显著，结果用平均值、标准差和显著性差异表示。

内在一致性检验显示 KMO 指数为 0.69，Bartlett 球度检验具有统计学意义（$P < 0.001$）。因此，总体而言，本研究的结果符合良好内在一致性的要求，并强调在导师指导问卷中概述性的方法可作为衡量和识别指导概念方法的有效手段。

在 Shalfawi 更深入的测试中，建议将项目 2 调整到融入团队中，项目 4 归为自我革新，项目 10 属于关系拓展维度，以提高回复的有效性和内在一致性。由于 Shalfawi 的建议，问卷得到了进一步调整。随后他也展开了进一步的测试，显然还需要验证其有效性。

Tor-Ivan Kaarlsee 领导 3 所挪威大学组成的项目小组，研究了 89 名导师的调查结果。研究发现不同学科的导师在方法上没有显著差异，但经验更丰富的导师与关系拓展方法之间存在相关性（参见 Routledge 出版的配套书，*Successful Research Supervision* (Lee，2019)，附录 A）。我们认识到，为了验证这些问卷，需要大幅提升问题数量和回收率。我们计划在网上展开调查，如有兴趣参加更广泛的调查研究，欢迎读者与我联系 drannemllee@gmail.com。

A.4.3   英国

除了 Shalfawi 的研究工作之外，近 100 名学生完成了一份简短的在线问卷，80 多名学生在各种研讨会上完成了整套问卷。这是一个在研项目，我们欢迎研究生完成在线调查，如有需要请与我联系，获取更多详细信息。

A.4.4   欧盟和美国

由于参与了现代博士学位的 Erasmus 项目（Fillery-Travis et al.，2017；Lee，2018a），我分析了英国、意大利、荷兰和爱尔兰学者的最新访谈数据。另外对 40 多位学者的访谈记录进行了详细分析，并将大部分记录归类到 5 种方法之中。此外，对来自欧洲和美国的 270 名学生和 124 名导师（在美国称为"顾问"）进行了一项问卷调查。调查表明，学生和导师都可以区分这 5 种方法并对它们进行排序。开放式问题的回答为研究提供了大量的定性信息。有趣的是，这组学生优先考虑了他们学术导师的职责管理技能，而这一方法在前两项研究中被大多数全职博士生评为最低优先级。Erasmus 测试组有更多成熟的兼职学生。在这 5 种方法中，学生对职场导师的期望呈现均匀分布，而学术导师认为他们的首要任务是提供批判性思维。

这些概括表明，不同群体在期望方面存在一些差异，但更重要的是，在建立关系的早期阶段和随后的发展中，导师和学生都需要理解和表达各自的优势、需求和期望。

A.5   研究人员的专业背景

任何定性研究都不能忽视研究人员的背景。有些读者想知道，我有心理学背景，却为何一直对经济学感兴趣。我认为社会心理和经济要素是经济发展的关键驱动力。在进入学术界之前，我曾在一些公共和私营机构工作，担任过班主任，并经营自己的咨询公司。我自己的博士学位是在一个教育研究部门获得的，但研究的是医生行医过程中出现的医疗纠纷，以及兼容并包的研究方法的方案。当研究进行到一半的时候，我有了一位新导师，我对这种困境欣然接受，我也有了一个很好的同龄人研究团队。我对研究和教学有着同样的热情，我的大部分研究生（虽然不是全部）都非常成功。让我一直感到遗憾的是，我没有在本科阶段学习哲学，这也许可以解释我为什么一直对"批判性思维"极感兴趣。

一些读者可能想知道这个框架是从认知角度还是从现象学角度出发的（Ackerlind，

2008)。Ackerlind 认为两个关键角度都是基于认知建构主义的，其目标是改变概念，并假设不同的概念是相互独立的。然而，现象学的观点认为，不同概念在包容性的层次结构中相互关联，其目标是概念的扩展。我认为，这个框架有助于提高学术界对培养学生研究方法的认识。也许它的优势在于融合两种观点，例如，学术界可以比较、对照这些方法，并扩展对现有方法的认识。

A.6   利用框架来比较、对照和扩展认识

典型的研讨会利用框架并要求研究生受试者回答以下问题：

（1）（在研讨会前进行匿名调查）总结问题项的优先级以及如何看待导师的长处和短处。

（2）确定自己在研究方面的优势，并与其他同事进行比较。

（3）看看学生想要保持多少种长期的职业选择，以及目前的研究项目如何助力就业。

（4）了解学生可采取的实际步骤，有助于他们找到需要的支持。

（5）分析和评估各阶段的实力。

（6）批判性分析学生将要步入的"栖身地"。

（7）描述与导师是怎么认识的，随着研究的推进师生关系是如何发展的，以及在不同阶段的表现。

本书背后的研究可以描述为实证主义，因为它确实创建了一个实用的框架。正如我们所看到的，它可能不是唯一的框架，可能还存在其他的方法。但许多人在分析自己的实践，以及面对学生的复杂情况试图增加选择时，会发现这个框架很有用。

本书里有一种潜在的制度约束；研究生越来越多，他在要在有限的时间内完成研究，这些压力变相鼓励了述行性、制度规范性和工具性。而我认为这过分强调职责管理而忽略其他方法，会给学术和学生都带来僵化和刻板的体验，因此研究生指导的实践中引入其他 4 种方法是一种刻意的尝试，目的是将职责管理置于其应有的地位。而新入学的研究生需要掌握职责管理的技能，本书确实也鼓励这么做，如果他们不这样做，很可能永远都不会使用其他的方法。我们鼓励学者以批判性的方式审视自己的教学及所信奉的价值观。

本附录描述了这 5 种方法的理论背景，并回顾了一些用于指导研究的模型，其中大部分集中在博士生指导上。我尽可能清晰地阐述了框架背后的相关研究——它使用了多种方法，但主要是定性方法，还包括一些不太常用但很有启发性的测试方法。

附录 B

各学科重点实践活动纲要
（摘自卡内基博士培养计划）

B.1 科学

从事科学研究的博士生通常不像人文科学或社会科学的博士生那样孤军奋战。科学家通常会在团队实验室中工作很长时间。博士生从身边的博士后身上学到的东西和从导师身上学到的可能一样多。

卡内基博士培养计划（Carnegie Initiative on the Doctorate，CID）项目建议，必须珍惜科学的矛盾性和不一致性；科学家必须能够承担风险，工作严谨，并意识到公共环境问题。最重要的是提出问题和界定问题，并将其定位在某个范畴更广阔的领域中，这就需要每两年重新评估一次。还必须说明知识安全的相应程度。"以院系研讨会的形式对学科知识进行持续的批判性反思必然是培养博士不可或缺的组成部分"（Elkana，2006，p72）。科学知识并不总是靠累积获得的，应该对前人的成果进行批判性研究。当过去的研究被证伪时，就会在今后的教学中忽略掉，除非有一门关于研究误区的课程。

B.2 数学

数学是一门国际性的学科。所有数学家很容易理解数学语言，但在过去，数学家常独自进行研究，并将数学研究分为两类：理论数学和应用数学。

代数、数论、概率论、分析、逻辑学、微分方程、几何和拓扑学是理论数学的一部分，它像一门艺术。应用数学是用理论数学解决问题。一些数学家认为这个界限是人为定义的，应该取消。有人担心西方学生对数学的兴趣下降，有两点建议可以解决这个问题：第一，鼓励团队合作而不是已成为常态的个人单打独斗；第二，鼓励提出创新性问题的学生拥有问题的所有权，而不是导师将研究计划中的下一个问题分配给博士生去解决。如果理论数学和应用数学合并，对数学家与多学科团队合作的需求将会增加。

数学知识往往是累积起来的，不像科学研究。新的数学知识往往建立在以往保留下来的数学知识基础之上。

B. 3   化学

博士生可能在一个实验室工作几个月后才会分配到导师。有许多"重大挑战"需要化学家的技能（例如，开发无限的廉价能源，以及获得能源生产、储存和运输的新方式），但这导致过度专业化的问题，化学学科的原子属性也会限制博士生对跨学科问题的认识。化学家工作的两个基本内容是研究物质和转化，但"重大挑战"意味着跨学科研究是至关重要的。化学家也必须时刻准备好在多学科团队中工作。

对这一学科的有益建议是，博士生可以负责邀请外部专家参加部门的讨论会。

与许多其他领域相比，化学在性别、年龄和种族的多样性方面还有很长的路要走。典型的化学博士生几乎都是 28 岁左右的白人男性。通常人们对职业期望是有一个稳定的铁饭碗，但实际上并不总是这样。如果化学仍是一门重要的学科，就有必要让化学家为他们的将来做好准备，他们需要学习更多的通用技能。

B. 4   神经科学

神经科学是对大脑结构和大脑功能的研究，是一个相对较新的学科领域，包括药理学、心理学、生物学、生物医学科学、纳米技术、生物工程、数学、化学、计算甚至社会学。因此，神经科学的博士生要有其中一门学科背景，在继续他们的研究之前必须了解其他学科。那么，神经科学面临的挑战就是在保留其核心专业知识的同时富有成效地管理边界。这种广度和深度之间的冲突可以通过扩展学生现有知识的一般化培养方案和实验室轮转加以解决。而面临的挑战是如何在知识爆炸时代保证培养质量。其他学科自动定义其分析单元，如分子生物学、细胞生物学等。神经科学面临的挑战是以严格的方式将自上而下和自下而上的方法结合在一起。神经科学家需要了解所有相邻学科的研究轨迹。这门学科的能力测试较为务实，例如博士生能否阅读并批判该领域综合期刊上的论文。

加入期刊俱乐部已被认为是神经科学的一种标志性教学方法，这在大多数生物科学系都很常见。一篇文章通常由一个院系的成员发表，参与人员包括博士生、博士后和学术导师。期刊俱乐部传授批判性分析、展示技巧，并且鼓励学生进行跨学科研究。这种实践有效地巩固了快速发展领域中的知识。许多人文和教育杂志每年出版 4 期或 6 期，而一本免疫学杂志每年出版 52 期。

B.5　教育学

如果说神经科学是如何消除学科边界的例子，那么教育学是与其他学科融合的典型代表。每一门学科都关心如何教学，所以学科教学法是许多学者都感兴趣的领域。教育学还要求学生具备理解政治学、心理学、社会学、哲学、学习理论、行政管理、管理和经济学的能力。这种广泛的基础让批评者认为教育研究缺乏质量，但也使我们认识到教育领域的博士生不仅要确保学科学术的严谨性，而且能够在所有人面前展现他们的方法是可行的。

在学术界，无论是谁曾经都是学生。许多 EdD 的学生也当过老师，博士生可能是经验丰富的新学生，他们开始研究时对教与学的本质有着强烈的信念。这为反思提供了肥沃的土壤，可加深每个学生对方法论的理解。教育学的证据有一种难以捉摸的特性，它不是一门实验科学（尽管试点研究有重要作用），然而教育学家需要令人信服地与定量科学家谈论定性问题。

B.6　历史学

历史学家属于社会科学领域或人文科学领域的范畴。文化资本是一个跨越国界的课题。历史可从不同的视角去观看这个世界（例如从西方视角到全球视角）。历史学家谱写一份有充分依据的客观陈述，但是像科学家一样，他们必须认识到，新的发现可能会改变他们以往的叙述。这些叙述的主要来源是文献，文献是该行业的重要工具。定期研讨会是一种主要的教学方法，在研讨会上学生提出自己的论点并进行测试、质疑。

分类、解码、比较、语境化和交流的技能说明了为什么许多历史学家从事学术以外的工作。他们非常无奈，因为社会为他们提供的职位太少了。

B.7　英语

英语学科在阅读文献和写作之间有基本的划分。在英语中有一个公认的准则（如果有争议的话）。这一准则可分解为一个清单。该清单包括一组作品，可构成某个特定项目的研究基础，大概有 60~100 项。在博士阶段，学生和导师可共同创建一个学生能接受的清单，它反映学生的观点（例如，某一时期浪漫主义或女权主义的作品）。掌握该清单可能需要单独研究几个月。

英语中有一些基本的研究问题：什么是民族文学，什么被认为是最好的文章，阅读方式是否有好坏之分，文学与媒介的关系是什么。长期以来，有一个传统的理解，要想完全掌握一门学科，教学相长，以教促学。而在美国，这种机会经常发生在英语博士生身上。

　　CID 项目发现在英语学习中存在严重的性别问题。他们认为，在美国，随着女大学生人数的增加，英语学科变得女性化，但在等级制度中仍然存在家长式的任人唯亲。这种家长式作风可能带有性别偏见，也可能没有，我们引用了一位英国学生写给教授的一封信（这封信很吸引人，但并未发送）：

　　"太糟糕了，"她说，"离开这门学科的感觉如同刚入学时的样子，感觉自己被孤立了，最终我对这门学科毫无兴趣。有时我怀疑这是不是你们真正想要的目的——阻止我们去加入有趣迷人的知识圈。"

（Abernethy，2006，p358）

　　当我们使用"实践社区"的方法来创建学科管理者时，加入这个迷人的知识核心圈正是我们的目标。

　　通过对不同学科博士学位的一些特点或目标的简要总结，我们可以看到一些有趣的方法正在浮现，这些方法可应用到其他学科，或者随着各个学科之间的逐渐融合会变得更加适用。

批判性思维：研究中使用的关键术语

利用列表明确研究中的关键术语，并探索更多术语，以拓展你对不同研究方法的理解。

有待探索的关键性术语
1. 回溯
2. 行为研究
3. 备选方案
4. 公理逻辑
5. 准则
6. 因果关系
7. 按时间顺序
8. 比较
9. 建构主义
10. 理论贡献
11. 批判实在论
12. 演绎
13. 描述
14. 经验主义
15. 认识论框架
16. 民族学
17. 事件驱动（vs 时间驱动）
18. 实验
19. 可解释性迁移

有待探索的关键性术语
20. 解释
21. 田野调查
22. 普遍性
23. 生成理论
24. 释义学
25. 假设检验
26. 归纳
27. 演绎
28. 主体间性
29. 访谈
30. 逻辑一致性
31. 测量
32. 元分析
33. 叙事和故事
34. 观察
35. 范式
36. 现象学
37. 实证主义
38. 主要来源和次要来源
39. 概率
40. 解决问题
41. 暴露问题
42. 命题
43. 定性研究
44. 定量研究
45. 自反性
46. 重现性
47. 追溯
48. 符号学
49. 显著性
50. 模拟

续表

有待探索的关键性术语
51. 统计分析
52. 系统回顾
53. 时间驱动（vs 事件驱动）
54. 试错法

参 考 文 献

参考文献